Englische Betonung

Perfekte Betonung in vier Monaten
spielerisch und einfach

Fluent English Publishing

Xiao, Ken
      Englische Betonung: Perfekte Betonung in vier Monaten, spielerisch und einfach

Copyright © 2019 durch Ken Xiao

ISBN: 978-1-949916-04-1

Hören Sie sich dies immer wieder an. Saugen Sie die Energie bei jedem Hören auf!

In einem armen Bauerndorf wurde ein Kind geboren, das in seiner Kindheit oft hungern musste. Dieser Hunger war so stark, dass er auch nach über 30 Jahren noch immer lebhafte Erinnerungen an diesen Hunger hat. Es gab kein fließendes Wasser, also musste er das Wasser in zwei Eimern von einem Brunnen nach Hause tragen, der über einen halben Kilometer entfernt war. Er war sieben Jahre alt. Diese beiden Eimer schienen so schwer wie Berge zu sein. Im Alter von sieben Jahren begann er auf dem Feld zu arbeiten, Pflanzen zu säen, zu kultivieren und zu ernten. Im Alter von sieben Jahren begann er Brennholz zu sammeln um zu kochen. Im Alter von sieben Jahren begann er für seine gesamte Familie auf offenem Feuer zu kochen. Es gab keinen elektrischen Herd und er konnte sich glücklich schätzen, wenn es einmal in der Woche Strom für Licht gab. Mit acht Jahren wurde er eingeschult und ging mit 13 Jahren von der Mittelschule ab.

Er sprach kein Wort Englisch als er mit 17 Jahren in die Vereinigten Staaten von Amerika zog. Er begann Kurse für Englisch-als-Zweitsprache zu nehmen und nach drei Jahren war er in der Lage, ein wenig gebrochenes Englisch zu sprechen. Er fing an nach dem Schlüssel zu fließendem Englisch zu suchen und fand das Geheimnis. Er folgte dem Geheimnis für sechs Monate und begann nun, endlich fließend Englisch wie ein Einheimischer zu sprechen.

Er machte den Abschluss an der Oberschule und schloss die Hochschule inklusive Aufbauseminaren ab.

Und jetzt kommt das Beste: Dieser Landjunge, ein Schulabgänger, der erst mit 20 Jahren für ein halbes Jahr intensiv lernte, Englisch wie ein Einheimischer zu sprechen, hat kein spezielles Talent. Er ist ein durchschnittlicher Junge, den Sie oder ich auf dem Land antreffen würden. Er ist ein durchschnittlicher Mann, den Sie oder ich auf der Straße antreffen würden. Alles was er tat, ist einem Geheimnis zu folgen, dem Geheimnis, das Sie in diesem Buch kennenlernen werden.

Dieser Landjunge spricht genau jetzt zu Ihnen. Dieser Schulabgänger bin ich.

Auf Ihren Erfolg,

Ken Xiao

Über den Autor

Ken Xiao

Ken ist ein Englischlehrer der sich auch in Ihrer Situation befand. Er sprach kein Wort Englisch als er mit 17 in die Vereinigten Staaten zog. Nach drei Jahren von keinem hin zu gebrochenem Englisch, suchte Ken nach dem Schlüssel zu akzentfreiem Englisch und fand das Geheimnis zum Erfolg. Mit diesem Geheimnis lernte Ken schnell in nur sechs Monaten Englisch wie ein Einheimischer zu sprechen.

Ken hält einen Bachelor Titel in Informationstechnologie und einen Master Titel in Weltraumwissenschaften. Er war Übersetzer für das Verteidigungsministerium der Vereinigten Staaten. Hier ist der Schöpfer der My Fluent English Formula die er als Hilfe anwandte, um Englisch und zwei weitere Fremdsprachen wie ein Einheimischer zu sprechen. Das Geheimnis ist dieses Buch.

Ken ist nun Englischlehrer, Schulleiter und Autor.

Inhaltsverzeichnis

Kapitel 1: Bringen Sie die Krabbe zum Strand

Sie möchten die richtige englische Betonung erlernen aber es gibt so viele Bücher zur Auswahl. Sie wissen nicht, welches das richtige Buch für Sie ist und Sie wissen nicht, von welchem Buch Sie die erhofften Resultate erwarten können.

Nun sehen Sie sich dies an:
(Nun hören Sie sich dies an:)

Mein Name ist Ken Xiao. Ich sprach kein Wort Englisch, als ich im Alter von 17 Jahren in die Vereinigten Staaten zog, aber hören Sie sich mein Englisch jetzt einmal an! Die Audioversion dieses Buch ist meine Stimme! (Sie lauschen meiner Stimme!)

In diesem Buch werden Sie die englische Betonung von einem erfolgreichen Englischlehrer lernen, mir, der sich auch in Ihrer Situation befand. Sie werden in vier Monaten lernen, perfekt zu betonen mit 100%iger Genauigkeit so wie ich auch!

Sehen Sie sich die folgenden Wortpaare an. Klingen sie identisch oder unterschiedlich?
- Sheep, ship
- cop, cup
- food, foot

Ja, sie klingen unterschiedlich. Wie ist es mit diesen Paaren?
- cap, cab
- life, live
- latter, ladder

Ja, auch diese klingen unterschiedlich. Werfen Sie einen Blick auf die folgenden Sätze. Können Sie sie korrekt aufsagen?

- Walk up a hill in high heels to see how you'll feel.
- Friend A, "A friend in need is a friend indeed."
- Friend B, "Agreed! Give me your money."

Wie steht es mit diesen Sätzen? Sind Sie in der Lage, sie richtig vorzulesen?

- Wipe a viper with a wiper is wise only if you're truly prepared to die.
- Wear your best vest facing west then give your kid this kit.
- Excuse me. what's your excuse to take back your bag?

Wenn Sie denken, Sie haben es richtig gemacht - Glückwunsch - Sie haben es falsch gemacht.

Auch ich befand mich zuvor in dieser Situation und ich weiß, dass Sie es falsch gemacht haben.

Viele englische Wörter klingen ähnlich, zu ähnlich sodass wir sogar denken, sie wären identisch. Die richtigen Wörter falsch zu betonen kann zu einer vollkommen anderen Bedeutung führen. Sogar nur einige Wörter nur ganz knapp falsch zu betonen kann alles ruinieren.

Lassen Sie uns versuchen, diesen Satz aufzusagen:

Take the crab to the beach.

Das ist, was wir sagen wollten. Sie haben zwei Wörter falsch betont, sich selbst blamiert und alles ruiniert.

Wissen Sie, was Sie falsch betont haben?

4

Lassen Sie uns unsere Ohren darauf trainieren, den feinen Unterschied zwischen ähnlichen Lauten zu hören und unseren Mund, die leichten Unterschiede zwischen den ähnlichen Lauten zu betonen.

Für Anfänger, lassen Sie uns die englische Betonung gleich von Anfang an perfekt erlernen.

Für Fortgeschrittene, lassen Sie uns unsere englische Betonung korrigieren und dann perfektionieren.

Für weiter fortgeschrittene Schüler, lassen Sie uns herausfinden, was wir falsch machen und es im Anschluss richtig machen.

Für alle Schüler, lassen Sie es uns sogar bei straffem Zeitplan machen.

In diesen Buch werden Sie:
1. Die englische Betonung erlernen.
2. Ihre englische Betonung perfektionieren.
3. Es wird kinderleicht sein.
4. Es wird Spaß machen.

Erlernen Sie die englische Betonung von den Erfolgreichen! Folgen Sie meinen Anweisungen in diesem Buch um die englische Betonung zu meistern und betonen Sie perfekt mit 100%iger Genauigkeit! Lassen Sie uns dieses Ziel in vier Monaten erreichen und dabei auch noch Spaß haben.

Scrollen Sie nach oben und besorgen Sie sich dieses Buch jetzt!

Kapitel 2: Perfekt betonen, spielerisch und einfach

Wir werden in diesem Buch eine einfache Methode verwenden, um Betonung zu lernen und sie im Anschluss zu perfektionieren. Folgen Sie einfach der Anleitung in diesem Kapitel um an unserer Betonung zu arbeiten, Kapitel für Kapitel.

Im Buch finden Sie Anleitungen zur Positionierung der Lippen und der Zunge. Diese dienen uns nur als Referenzen. Unsere Lippen und Zunge werden sich verselbstständigen sobald wir die Betonung gemeistert haben.

Hier ist ein Tipp der sehr gut funktioniert um unsere Betonung bei jeglichen Wörtern zu perfektionieren – **betonen Sie es von hinten.**

Lassen Sie uns das Wort "extraordinary" als Beispiel hernehmen. Wenn wir es nicht korrekt aussprechen können, sagen wir es auf diese Art:

- Ry
- Nary
- Dinary
- Ordinary
- Raordinary
- Traordinary
- Extraordinary

Dies ist extrem hilfreich um schwere Wörter zu betonen. Lassen Sie uns zusätzlich die folgenden zwei Wörter betrachten.

Chain, Train

Diese zwei Wörter klingen ähnlich oder für viele von uns sogar gleich. Jedoch können wir ganz klar die Unterschiede feststellen und diese auch leicht betonen. Das lernen wir noch genauer in den folgenden Kapiteln.

Wie perfektionieren wir unsere Betonung?

Übung!

Fahren Sie mit dem Auto? Nehmen Sie den Bus? Den Zug? Laufen Sie? Treiben Sie Sport? Kochen Sie? Stehen Sie in der Schlange um auf etwas zu warten? Haben Sie Augenblicke in denen Ihr Körper beschäftigt aber Ihr Verstand frei ist?

Jeder dieser Momente ist ein ausgezeichneter Moment, die englische Betonung zu meistern! Auf diese Art ist es mir gelungen, wie ein Einheimischer zu sprechen!

Selbst wenn einer dieser Momente nur 60 Sekunden dauert, verwenden Sie Ihre Kopfhörer und üben Sie.

Folgen Sie nun diesen Anweisungen um Ihre garantiert bewundernswerten Resultate zu erzielen!

Schritt 1: Zuhören und Wiederholen zur gleichen Zeit
Hören Sie sich die Audioversion eines Kapitels an und wiederholen Sie sofort was Sie hören. Warten Sie nicht bis zum Schluss. Wiederholen Sie sofort. Es ist vollkommen in Ordnung die ersten paar Male etwas auszulassen. Bleiben Sie einfach dran ohne aufzuhören.

Schritt 2: Wiederholen Sie das ganze Kapitel komplett
Hören Sie sich das komplette Kapitel vom Anfang bis zum Ende an und wiederholen Sie es.

Schritt 3: Zeichnen Sie Ihre Stimme auf
Nehmen Sie sich dabei auf, wie Sie das Kapitel wiederholen. Dies ist sehr wichtig, überspringen Sie diesen Schritt *nicht.*

Suchen Sie sich ein Aufnahmegerät wie beispielsweise Ihren Computer, ein Handy oder einen MP3 Recorder. Verwenden Sie ein Paar Kopfhörer und nehmen Sie Ihre Stimme auf, wie Sie das Kapitel von Anfang bis Ende wiederholen.

Speichern Sie die Datei und fahren Sie mit Schritt 4 fort.

Schritt 4: Wiederholen Sie das ganze Kapitel ein weiteres Mal
Hören Sie sich das Kapitel nochmals vom Anfang bis zum Schluss an und wiederholen Sie es.

Schritt 5: Kehren Sie sofort zu den Wörtern zurpck, die Sie nicht aufsagen können und wiederholen Sie diese so oft es nötig ist
Wiederholen Sie das Kapitel noch einmal. Dieses Mal jedoch, wenn Sie auf Wörter stoßen, die Sie nicht richtig aussprechen können, hören Sie sofort auf und kehren Sie zu diesen Wörtern zurück. Hören Sie nochmals zu und wiederholen Sie. Versuchen Sie es einmal, zweimal, dreimal oder öfter. Versuchen Sie es so oft es nötig ist, bis Sie alle Wörter korrekt aussprechen können.

Schritt 6: Wiederholen Sie das Kapitel bis Sie es flüssig beherrschen
Nun da Sie Schritt fünf abgeschlossen haben können Sie jedes Wort korrekt aussprechen. Nun wiederholen Sie das ganze Kapitel vom Anfang bis zum Ende. Wiederholen Sie es so oft es notwendig ist, bis Sie jeden Satz natürlich und flüssig aussprechen können.

Schritt 7: Zeichnen Sie Ihre Stimme auf

Jetzt wo Sie Schritt sechs gemeistert haben können Sie jeden Wort korrekt und jeden Satz natürlich und flüssig aussprechen. Nun zeichnen Sie Ihre Stimme erneut auf. Nehmen Sie Ihre Stimme auf, wie Sie das selbe Kapitel wiederholen. Speichern Sie die Datei.

Spielen Sie die erste Aufnahme ab und hören Sie zu. Nun spielen Sie die zweite Aufnahme ab und hören Sie zu.

Haben Sie in der zweiten Aufnahme besser als in der ersten Aufnahme gesprochen?

> Ja? Fahren Sie mit Schritt 8 fort.
> Nein? Fahren Sie mit Schritt 8 fort.

Schritt 8: Fahren Sie mit dem nächsten Kapitel fort
Hören Sie sich die Audiodatei des nächsten Kapitels an und folgen Sie Schritt 1 – 7.

Nachdem Sie mit allen Kapiteln fertig sind, kehren Sie zum ersten Kapitel zurück und fangen Sie wieder von vorne an bis Sie diese Lektion wie ein Einheimischer nachsprechen können. Anschließend vertiefen Sie alles in Ihrem Unterbewusstsein indem Sie noch mehr üben.

Schauen Sie die ersten paar Male ins Buch, wenn Sie aber jedoch mit dem Text vertraut sind, legen Sie das bitte weg. Konzentrieren Sie sich nur auf die Audiodatei!

Kapitel 3: Vokalübersicht

Es gibt fünf Vokale in der Englischen Sprache. Es gibt a, e, i, o, u. Diese Vokale können mit anderen Vokalen kombiniert werden und weitere Vokallaute zu bilden.

Um uns den Lernprozess etwas zu vereinfachen, werden wir eine einfache Methode anwenden um die Vokallaute zu lernen. Hier ist eine Liste der Vokallaute.

- E
- IH
- EH
- /æ/
- AH
- UH
- AW
- OH
- /ʊ/
- OO
- A
- I
- OW
- OY

Es gibt zwei Arten von Vokalen - lange Vokale und kurze Vokale.

Die langen Vokale sind
A, E, I, OY, OO, OH, OW

Die kurzen Vokale sind
IH, EH, /æ/, AH, UH, AW, /ʊ/

Wir werden uns beiden in den folgenden Kapiteln im Detail widmen.

Kapitel 4: Der E Laut.

Lassen Sie uns mit dem E Laut vertraut werden. Versuchen wir die Wörter:

bee, deed, eat, feed, geese, he, jeans, keen, leap, meet, sneaker, tea, veal, wheel, yeast, zero.

E ist ein langer Vokal. Achten Sie darauf den Laut lange zu halten.

Wenn dem E Laut ein Stoplaut folgt wie zum Beispiel dem /D/, dem /T/, dem /P/, dem /M/ und so weiter, achten Sie darauf den E Laut lange zu halten bevor Sie den Stoplaut hinzufügen.

Schauen wir uns das Wort "deed" an. So wird es betont:
1. Sprechen Sie den E Laut lange aus.
2. Fügen Sie den abschließenden /D/ Laut hinzu. Nun wird es zu EED.
3. Fügen Sie den vorhergehenden /D/ Laut hinzu. Der Laut wird zu DEED.

Mit dem Wort "seem" machen wir das Gleiche:
1. Sprechen Sie den E Laut lange aus.
2. Fügen Sie den abschließenden /M/ Laut hinzu.
3. Fügen Sie den vorhergehenden /S/ Laut hinzu. SEEM.

Das Gleiche gilt für das Wort "backseat." Sprechen Sie das E lange aus, dann EAT, dann SEAT, dann "backseat."

Um den E Laut zu betonen, lächeln Sie. Setzen Sie Ihre
Zunge hoch oben an und lassen Sie sie fest werden.
Betonen Sie den Laut indem Sie Luft raus lassen. E. E. E.

Der E Vokal kann in folgenden Kombinationen geformt
werden. Ich habe absichtlich eine lange Liste von Wörtern
eingefügt mit der wir üben können. Fangen wir an.

1. ee → agree, attendee, bee, beep, beetle, bleed,
   breed, career, cheek, cheer, cheese, cheetah, creek,
   creepy, deep, eighteen, exceed, esteem, feed, feel,
   fleet, free, freeze, foresee, freeway, Greece, green,
   greet, guarantee, heel, indeed, Jeep, keel, keen,
   keep, knee, levee, meet, need, needle, payee, peek,
   peel, peer, perigee, pioneer, queen, redeem, screen,
   seaweed, see, seed, sheep, sleepy, speech, speed,
   squeeze, sheer, steep, steer, succeed, sweep,
   sweet, teen, teenager, tree, trustee, tweet, weed,
   week, wheel
2. ea → backseat, beach, beam, bean, beast, beat,
   beaver, beneath, bleach, breathe, clean, clear, creak,
   cream, creature, defeat, disappear, dream, each,
   eagle, ear, east, easy, eat, fear, feast, gear, gleam,
   glean, hear, heat, heave, ideal, increase, leach, lead,
   leader, leaf, leave, least, meal, mean, near, neat,
   peace, peach, peak, peanut, pear, reach, read, real,
   reap, tea, teach, team, weave
3. ie and ei → achieve, believe, brief, brownie, ceiling,
   chief, cookie, either, ether, field, fierce, freebie,
   leisure, niece, piece, perceive, receipt, receive,
   shield, retrieve, seize
4. final e → be, he, me, she, we
5. final y → ability, actually, astronomy, automatically,
   baby, Billy, biology, chilly, city, copy, economy, family,
   frankly, funny, geography, grammatically, handy,
   Henry, huckleberry, January, Jenny, jewelry, kitty,
   lady, lucky, many, nanny, opportunity, puppy, silly,
   solemnly, solely, sunny, totally
6. final ey → alley, Bailey, barley, chimney, donkey,

gooey, honey, joey, journey, key, money, monkey, parsley, pulley, smiley, Smokey, turkey, valley, volley

7. final ique → antique, boutique, critique, oblique, technique, unique

8. e + consonant + e → Chinese, Japanese, Pete, Portuguese, Sudanese, these, Vietnamese

Nun üben wir den E Vokal in ganzen Sätzen.

1. Friend A, "A friend in need is a friend indeed."
2. Friend B, "Agreed! Give me your money."
3. Come with me. You'll be surprised what we'll see although your safety is not guaranteed.
4. Attendees are free to bring creepy crawlies, beetles, and bees. Feel free to watch them feast or become their feed.
5. Walk up to this peak of eighteen feet in high heels to see how you'll feel.
6. Feed a mouse cheese, and the mouse will be happy.
7. Feed a cheetah cheese, and the cheetah will make you bleed.
8. Give a monkey a peach, and the monkey will be crazy.
9. Give a monkey a speech, and the monkey will be sleepy.
10. My donkey loves barley.
11. My honey loves money.
12. Take a seat on the beach and feed the seals beans.
13. Take the heat to succeed and scream out our dreams
14. Beasts feast at ease.
15. Peace reaches east.
16. Free breeze greets our cheeks. Feel the heat. Keep on going until you succeed.
17. Say "Cheese!" Take a picture in the deep creek.
18. Both teams agree to meet at three thirty.
19. In this city, green tea is easy to see.
20. January is my favorite month to study astronomy.
21. Every month is my honey's favorite month to buy jewelry.
22. When Emily feels chilly, she goes back to her family.
23. When Henry meets opportunities, he heaves fiercely.

Kapitel 5: Der etwas andere IH Laut

Lassen Sie uns den Laut fühlen.

Acid, bit, dig, fill, fit, hill, Jill, kid, lip, pig, Rick, win

IH ist ein kurzer Vokal. Erinnern Sie sich an den E Laut den wir lange halten müssen? Der IH Laut ist das komplette Gegenteil davon. Er ist kurz.

Werfen wir einen Blick auf das Wort "acid." So betonen wir es:
1. Sprechen Sie den Vokal Laut IH kurz aus.
2. Dann fügen Sie den abschließenden /D/ Laut hinzu. Nun wird er zu IHD.
3. Nun fügen Sie das "c" hinzu, welches der /S/ Laut ist, nun wird es zu CIHD.
4. Zum Schluss fügen wir den vorhergehenden /æ/ Laut hinzu. /æ/CIHD.

Mit dem Wort "bid" machen wir das Selbe:
1. Sprechen Sie den Vokal Laut IH kurz aus.
2. Fügen Sie den abschließenden /D/ Laut hinzu, nun wird es zu IHD.
3. Fügen Sie den vorhergehenden /B/ Laut hinzu, nun wird es zu BIHD.

Um IH zu betonen entspannen wir unsere Lippen, öffnen sie leicht und wir entspannen unsere Zunge. Lassen Sie die Luft raus. IH, IH, IH. Erinnern Sie sich, wie man *it* sagt? Sagen Sie *it* ohne das T am Ende. IH, IH, IH.

Dieser Vokal kann aus den folgenden Kombinationen geformt werden. Ich habe wieder eine lange Liste mit Wörtern erstellt. Üben wir sie:

1. i → acid, bid, big, bin, bring, brink, bit, chicken, chilly, chip, Cindy, disk, dictionary, did, different, dig, dim, dinner, dip, exit, fiction, finger, figure, fix, gift, hiccup, hidden, Hilary, hill, him, hint, hippo, his, hitch, immune, international, interesting, investment, itself, Jill, kick, kid, Kimberly, kin, kit, lid, lily, list, listen, lizard, mixture, music, outfit, picture, pig, pin, pit, rich, rip, risk, silk, silly, single, sip, swing, ticket, Tiffany, tilt, tip, unit, video, wing, which, wizard
2. ui → biscuit, build, circuit, guilt
3. y between consonants → cylinder, encryption, decryption, gym, gymnastics, gypsy, hymn, Lynch, Lynn, mystic, mystery, myth, mythology, rhythm, syllable, symbol

Jetzt üben wir sie in ganzen Sätzen.

1. Bring a big bin of acid. Drink none of it because it's toxic.
2. Put six bids on the acid but do not spit on the acid.
3. Chilly chips in the fifth bin. Silly gifts in the sixth bin.
4. Fix the circuit with this drill bit.
5. Eat an olive make sure to spit the pit.
6. A dictionary on a disk is handy. Digging fictions for vocabulary is history.
7. Hilary and Kimberly are taking different exits. Hilary is going to a hill. Kimberly is going to the Hills'.
8. Hidden hippos hiccup and kick. Glittering lizards hitch and lift.
9. Invest little, go to Chicago. Invest big, go international.
10. This outfit makes me look rich. Kiss risks to succeed.
11. Feed pigs biscuits, and pigs will like it. Let pigs listen to music, and pigs will fall asleep.
12. Rich witches sit by the fire pit.
13. Bill fills the mill he built with milk. Then he mills the milk and tilts the mill until mill spills.
14. I built my guilt in quivers when I decrypted the symbols encrypted by UFOs.
15. The circus is quickly filled with children.
16. Mitt quizzes the hymn in the gym.

Lassen Sie uns die beiden Laute vergleichen. Der IH Laut ist dem E Laut ähnlich aber die Betonung ist etwas anders.

Versuchen Sie es mit diesen beiden Wörtern:
seat
sit

Klingen sie unterschiedlich oder identisch? Wie steht es um diese zwei:
feet
fit

Und diese beiden:
sheep
ship

Diese Wortbeispiele klingen sehr ähnlich aber sie klingen doch leicht unterschiedlich. Lassen Sie uns zu erst die Unterschiede feststellen und diese im Anschluss betonen.

Für die Wörter seat, feet, und sheep, haben das "ea" und "ee" den E Laut und der Laut ist lang. E. E. E

Um es korrekt zu betonen sollten unsere Lippen angespannt sein, breit und sollten aussehen, als ob wir lächeln. Was sagen Fotografen wenn sie Bilder machen? "Say cheese." Der Grund dafür ist, dass das "ee" in "cheese" uns aussehen lässt, als ob wir lächeln und der Laut des "ee" ist lang.

Für die Wörter sit, fit, und ship ist der IH Laut kurz. Unsere Lippen sollten entspannt und schmal sein. Auch unsere Zunge sollte entspannt sein. Sie sollte ebenso hoch sein und unsere obere Zahnreihe berühren.

IH ist ein kurzer Vokal. Es folgt immer ein Konsonant wie beispielsweise in sit, fit und ship, er endet auf /T/ und /P/.

Nun lassen Sie es uns versuchen.

bean, bin
beat, bit
dean, din
deed, did
deem, dim
deep, dip
ease, is
feast, fist
feel, fill
feet, fit
glean, glint
green, grin
he's, his
heal, hill
heat, hit
keen, kin
keep, kip
lead, lid
leak, lick
least, list
leave, live
mead, mid
meal, mill
mean, min
meet, Mitt
peak, pick
peel, pill
reach, rich
read, rid
sheep, ship

Und nun üben wir E und IH zusammen.

1. Six ships ship six sheep when the sheep are asleep.

2. You're welcome to trim your feet to fit the shoes or to trim the shoes to fit your feet.

3. Mitt places the seat in front of the pit and sits with Mick.

4. Jim put the beans in the bin when the room was dim and deemed a joyful hymn.

5. Climb the hill in high heels to see how you'll feel.

6. Watching out for bees when you play Frisbee is tricky but easy.

7. Eat it or leave it.

8. Take a seat and sit down.

9. Fill the cup with hot water and feel the heat.

10. Which peak do you pick? The Reed Hill or the Rid Hill.

11. Fill the mill with milk then feed the eel a meal.

Kapitel 6: Der einfach EH Laut

Lassen Sie uns erst einmal ein Gefühl für den EH Laut bekommen:

bed, beckon, desk, egg, festival, get, hen, Jenny, Ken, lend, pet, vest, west

Um das EH richtig zu betonen, entspannen Sie Ihre Lippen, Ihre Zunge und heben Sie sie von einer mittleren zu einer hohen Position und lassen Sie die Luft raus. EH. EH. EH.

Um die Worte zu betonen, betonen Sie sie rückwärts.

Bed → EH, EHD, BEHD.
Bread → EH, EHD, REHD, BREHD.

EH ist ein kurzer Vokal und es folgt immer ein Konsonant.

Der EH Laut kann aus folgenden Kombinationen geformt werden:

1. e → beckon, bed, best, celebrate, decorate, dedicate, definition, den, detect, effect, egg, excel, excellent, February, fence, festival, gemstone, generate, get, guest, hen, Henry, Jeff, Jenny, jet, left, leg, let, levy, meditate, memory, men, mess, met, Neptune, nest, next, peck, peddle, pen, pencil, pepper, pet, quest, replicate, rest, restaurant, segment, semester, sense, September, settle, success, technique, technology, Ted, temperature, ten, tennis, test, text, vest, Wednesday, welcome, Wendy, west, yesterday, yet

2. ea → ahead, bear, bread, dread, feather, heavy, instead, meadow, measure, read (past tense), spread, treadmill, weather

3. Es gibt Ausnahmen → again, against, any, many, said, says (wenn das Wort "say" in der dritten

Person Gegenwart ist, wie beispielsweise "She says she wants to.)

Nun werden wir sie in Sätzen üben.

1. Step on Neptune questing for effect. There is no ground there so leave like a jet.

2. Celebrate a festival with eggs and pets if you want them to make a mess.

3. Henry and Jenny meditate to retain memory.

4. Two woodpeckers met. They ate and left.

5. I still have my best vest left. I'll wear it to my success.

6. What's heavier? They hit the ground together.

7. To help you speak like a native, repeat the sentences again and again and then again and again.

8. How many times do I expect to try until my success?

9. Practice again and again all the way to the end when you pronounce like Ken and then do it again.

10. General Fred said he sent Henry west to select the best vest for success.

11. The first step is to set a goal on what you want next.

12. Then settle and write down what you want to get.

13. Finally, send our energy like a jet, measure how far they spread, eat some bread, and push through to our success.

Kapitel 7: Der stärkere /æ/ Laut

Hören wir uns den Laut an.

Add, bat, cat, dad, fathom, hat, jacket, ladder, matter, nap, path, rather, saddle, tackle, vast

Welche Geräusche macht eine Ziege?

Genau dies ist der Laut. Unsere Kiefer fallen runter während wir den Laut erzeugen.

Versuchen wir es zu betonen /æ/:
Back → /æ/, /æ/CK, B/æ/CK.

Um /æ/ zu betonen öffnen wir unsere Lippen, senken unsere Zunge, öffnen unseren Mund weit und lassen unseren Kiefer fallen während wir die Luft ausströmen lassen. /æ/. /æ/. /æ/.

/æ/ ist ebenso ein kurzer Vokal. Es folgt immer ein Konsonant.

Der /æ/ Laut kann nur aus dem Buchstaben A geformt werden:
1. a → add, adequate, apple, back, cab, cafeteria, calendar, camp, candle, candy, cast, Cathy, dash, family, fantastic, fast, fathom, gadget, galaxy, gallon, gas, gather, had, half, hamster, hand, happen, has, hatch, have, jab, jam, Jasper, kangaroo, Kathrine, ladder, mad, man, map, mask, master, pack, pad, pan, pant, past, pat, plan, plateau, practice, prank, ram, ran, raspberry, rather, sack, sand, Saturday, tackle, tag, tan, tango, value, vast, wagon

Nun werden wir es in ganzen Sätzen üben.

1. Add an adequate amount of gas and activate the plant. Let's watch this technology advance.

2. Technology is going to be a handy gadget.

3. Attention, gang. Bring some candles, candy, pans, and pants. We are going to camp.

4. Standing in front of a mirror, I looked like a lamb.

5. The good thing was I still had an apple on my hand.

6. I laughed and ran because I had a goal and a plan.

7. I've tried and failed like a product without a brand.

8. At last, I cried like an ant, thinking this was my last chance.

9. A man handed me a book, it was Think and Grow Rich.

10. "I have an answer," said the man, "that failure is the mother of success, and the darkest moment is right before dawn. Persist and success will be in our hand."

11. I kept my goal, gather info from the book, and hatched a new plan.

12. Following the plan, my dream had advanced.

13. My goal was achieved, so I thanked the man and danced.

Vergleichen wir nun die Unterschiede zwischen dem EH Laut und dem /æ/ Laut.

- bet, bat
- dense, dance
- fen, fan
- fest, fast
- guess, gas
- head, had
- Jen, Jan
- kept, capt
- lend, land
- men, man
- peddle, paddle
- rend, rand
- settle, saddle
- text, tax
- vest, vast
- west, wax

Wenn wir Schwimmen lernen möchten, ist es nicht hilfreich, eine Menge Instruktionen auswendig zu lernen. Der einzige weg, wie wir lernen können zu schwimmen, ist ins Wasser zu hüpfen und zu schwimmen. Immer weiter üben.

- bread, brat
- beck, back
- bend, band
- dread, draft
- expensive, expansive
- leg, lag
- letter, latter
- medal, waddle
- mess, mass
- pen, pan
- send, sand
- spend span
- spread, sprat

- ten, tan
- tread, trad

Üben wir jetzt EH und /æ/ im selben Satz.

1. A homeless man standing ahead begging for money was carrying a tent.

2. I gave him a $100 bill, and he said nothing or bent.

3. "This book says no matter what shape you're in, you can still figure out a way to get your life back," said the man.

4. I recognized the book at a glance.

5. "You seem to be a successful man. Is there anything you can do to get my life back?" continued the man.

6. He was about to give up his life I sensed, "To get your life back? I'm sorry, I can't."

7. "This is the last thing I wanted to know before I leave. I'm better off just come back another time then."

8. "Sir, I'm not finished yet. There's nothing I can do to get your life back, but I know one man who can."

9. "Look here," I said as I pointed with my hand.

10. "This is the man who can help you with everything you want. Ask this man!"

11. As the homeless man looked to the front, he saw standing in front of him a homeless man with jacket dirty, hair messy, and skin tanned.

12. "This is the only man in the whole world who can help you to get your life back." I pointed at his reflection on the glass door and said in the present tense.

13. "This man has lost his soul. How can he help me?" The man was thoughtful for a moment and said with his head bent.

14. "He lost his soul because he lost his purpose for life. Give him a purpose to live for and he'll give you

everything you ask for. Failure is the mother of success, and the darkest moment is right before dawn. Persist and success will be in your hand."

15. The man mused for a while, looked at the man in the glass from head to toe and from toe to head. He then turned to me and said, "Yes, sir. I'll give this man a purpose to live for." He then walked away like a product with a brand.

16. I met this homeless man again.

17. "I've gotten myself a purpose and a job for $10,000 a month!" He said proudly, "I just wanted to find you and tell you that I've found a bigger purpose for life and I, too, will one day be a successful man!"

Kapitel 8: Der AH Laut

Hören wir es uns an:

alarm, car, doctor, economy, father, got, hard, hot, job, knob, lot, mother, toddler, robot

Um AH zu betonen entspannen wir unsere Lippen und unsere Zunge und platzieren sie auf dem Boden unseres Mundes.

Versuchen wir es zu betonen:
Swab → AH, AHB, WAHB, SWAHB.

Der AH Laut kann aus folgenden Kombinationen geformt werden:
1. a → alarm, archeology, arm, barn, calm, car, cartoon, cauliflower, charcoal, charge, Chicago, dark, far, farcical, farmer, father, garage, garbage, garden, garlic, garment, garnish, ha, hard, hardcover, hark, harm, harmonica, harness, harvest, mark, Mars, palm, swab, swap, target, wad, wand, want, watch, watt
2. o → astonish, Bobby, bobcat, bobtail, body, bond, box, clock, cop, cod, coddle, comic, combination, comedy, comet, common, document, doll, goggle, got, hollow, honest, honor, hop, hotshot, job, Josh, knock, knot, lobster, locker, modern, mop, nonstop, not, option, opportunities, pollen, polish, pocket, possible, rock, rotten, robot, solid, solve, solvent, stop, stock, toddler, Tom, tonic, top, topic
3. e → encore, entree, envelope, sergeant
4. ow → acknowledge, knowledge

Befassen wir uns nun mit dem AH Laut und dem AH + R Laut.
ah, arh
ha, har

la, lar
ma, mar
spa, spar

Mit dem R hat der AH Laut nun einen /R/ Laut am Ende. AH wird zu AHR.

Üben wir nun einige Wörter mit dem AHR Laut:
alarm, apart, arc, arch, architecture, arm, art, barley, car, card, cardinal, cargo, carpet, cartoon, chart, dark, darling, depart, guard, hard, jar, large, mark, park, part, party, sarcasm, sardine, spar, spark, star, start, startle, tar, target

Und nun üben wir den AH Laut in Sätzen.

1. Archaeologists were alarmed when an archaic barn was excavated from a farm.
2. Stay calm in the barn. There is no harm.
3. Bring cauliflowers in the car along with our harmonica.
4. Learn from someone next to you, not from someone far.
5. If your father is successful, model your father.
6. Plant seeds in your garden and harvest like a farmer.
7. Harness your power and garnish your car.
8. Astonished, boggled, and startled, Bobby was shocked as he watched the clock.
9. Time has passed for him to play with Josh.
10. Bobby laughed, "Common combinations for comics and comedies are stories, characters, and garbage."
11. Josh is one hotshot. He's honest, and he likes his job.
12. Josh likes to jog. He likes to hop as he jogs.
13. Josh jogs nonstop. He jogs in the dark and hops for nocturnal bugs.
14. Josh has a modern mop. A mop that he uses to polish rocks.
15. He has an option to fold the mop and put it in his pocket like a robot.
16. Tom is a volunteer in his shop. He has many opportunities to get to the top.

Kapitel 9: Der ähnliche UH Laut

Versuchen Sie sich an den folgenden Wortpaaren um herauszufinden, ob sie sich gleich oder unterschiedlich anhören.

cot, cut
fond, fund

Wenn wir der Meinung sind, dass diese Paare gleich betont werden, herzlichen Glückwunsch! Die Mehrheit der Englisch als Fremdsprache Schüler sind unserer Meinung.

Die Wahrheit ist, sie werden unterschiedlich betont! Eines ist AH und das Andere ist UH.

Machen wir uns mit dem UH Laut vertraut:

Ana, banana, but, cut, cousin, done, enough, fun, gut, hut, just, love, honey, monkey, rough, tough, young

Um das UH zu betonen entspannen wir unsere Lippen und unsere Zunge und platzieren sie in mittlerer Position. Wir öffnen unseren Mund leicht während wir die Luft heraus lassen. UH. UH. UH.

Für den AH Laut ist unser Mund weit offen. Für den UH Laut ist unser Mund nur leicht geöffnet. Vergleichen wir die Laute.

AH, UH
AH, UH
AH, UH

Versuchen wir es.
Cut → UH, UHT, CUHT.
Enough → UH, UHF, NUHF, ENUHF.

Der UH Laut kann aus folgenden Kombinationen geformt werden:

1. a → Alabama, America, Ana, Asia, banana, Canada, China, Cuba, drama, fuchsia, Georgia, hyena, Jessica, Katrina, Lisa, mama, sonata, panda, umbrella, utopia, was, zebra

2. o → above, another, brother, color, cover, come, complete, computer, does, done, from, honey, love, Monday, money, monkey, mother, of, other, oven, shove, sophisticated, son, ton, tongue

3. u → buddy, buck, buckle, buffalo, bug, bus, buzz, cup, cut, drunk, fun, hub, huddle, hung, jungle, lump, mud, mug, numb, pump, rum, sum, yummy

4. ou → country, cousin, enough, rough, tough, young

Üben wir das UH nun in Sätzen.

1. Alabama, Alaska, Arizona and Georgia are four states in America.
2. Ana lives in America. She has a good friend named Barbara.
3. Ana came from China. Barbara came from Cuba.
4. Ana likes fuchsia. Barbara likes magenta.
5. Jessica and Virginia dream to live in Utopia.
6. Katrina and Alisa like to drive a Sonata.
7. Throw a banana at a zebra. The zebra will buzz.
8. Throw a banana at a monkey. The monkey will go bananas.
9. Throw a banana at a panda. The panda will throw you back the banana.
10. Above the book cover is another color.
11. Your brother completed building the computer.
12. It is done and your brother is gone.
13. My honey loves money.
14. The oven will come on Monday.
15. If your mother is successful, learn from your mother.
16. Buckle up, buddy! We need to watch out for bucks, bugs, and buffaloes.
17. If you hear a buzz on the bus, get ready for a bump.
18. Huddle around and watch a drama for fun.
19. Running into the jungle with no shoes is fun, only if you'll bring your cousin and your son.

Und jetzt sehen wir uns die Unterschiede zwischen AH und
UH an.
a bar, above
alarm, a lump
Arthur, other
barn, bun
body, buddy
boggle, buckle
box, bucks
bother, brother
bars, bus
carver, cover
calm, come
collar, color
cop, cup
cot, cut
darts, does
darn, done
hop, hub
fond, fund
mark, mug
mod, mud
palm, pump
shop, shove
stop, stuff

Kapitel 10: Der AW Laut

Hören wir es uns an.

awesome, author, August, bought, caught, fought, law, sought, wrought

Um AW zu betonen spannen wir unsere Lippen leicht an sowie unsere Zunge und positionieren diese in der Nähe der Unterseite unseres Mundes. Wir runden unsere Lippen leicht oval ab und lassen die Luft heraus. AW. AW. AW.

Versuchen wir es:
caught → AW, AWT, CAWT.
Frog → AW, AWG, RAWG, FRAWG.

Der AW Laut kann aus den folgenden Kombination geformt werden:
1. al → all, alter, altogether, always, ball, call, chalk, fall, gall, hall, install, mall, stalk, stall, tall, thrall, walk, wall
2. au → applaud, auction, audio, audit, Audrey, August, author, authorize, automatic, autograph, authentic, Aurora, authority, autumn, cause, faucet, haul, maul, Paul, pause, sauce
3. aught → aught, caught, daughter, naught
4. o → blog, boss, clog, dog, frog, hog, log, long, loss, lost, off, office, often, on
5. ought → bought, fought, ought, sought, thought, wrought
6. aw → awesome, brawn, claw, crawl, dawn, draw, fawn, flawless, jaw, jigsaw, hawk, law, lawn, lawyer, paw, prawn, raw, saw, slaw, straw, thaw

Und jetzt üben wir AW in Sätzen

1. Ms. Thrall called Ms. Hall in the mall for more chalks.

2. Rinse your mouth with saltwater.

3. My learning will continue like a waterfall. It will never halt.

4. To play racquetball, always hit the ball to the wall and that's all.

5. Audrey automatically authorized the author of **Autumn Aurora** her authentic autograph in her automobile without auditions from the authority.

6. Paul applauds for the audio because the actress is his daughter.

7. Ross lost the password of the blog of his boss.

8. The dog, the frog, and the hog clogged the drain with a log.

9. Awesome! He quickly draws a picture of a hawk, a macaw, and a prawn on his lawn at dawn.

Kapitel 11: Der OH Laut

So klingt der Laut:
boat, coat, close, goat, low, gold, bowl, though, pole, oh,
hold, wrote, own, window

Um den OH Laut zu betonen spannen wir unsere Lippen
an, die Zunge spannen wir leicht an und bewegen sie von
der mittleren Position in die hohe Position währen wir die
Lippen spitzen um die Luft aufzulassen. OH. OH. OH.

Versuchen wir es jetzt:
Woke → OH, OHK, WOHK.
Encroach → OH, OHCH, ROHCH, CROHCH,
ENCROHCH.

Häufig wird der OH Laut aus den nun folgenden
Kombinationen geformt:
1. o → ago, also, code, cold, close, dole, fold, go, gold,
   hello, hold, home, hope, modem, mold, mole, node,
   note, oh, old, open, over, phone, pole, roll, so, sold,
   soldier, told, toll, troll, whole, zone
2. oa → afloat, approach, boat, cloak, coach, coal,
   coast, coat, cockroach, croak, encroach, float, foam,
   goal, goat, load, loaf, moan, oak, oath, raincoat,
   reproach, roach, road, soak, soap, roam, throat,
   toad, toast
3. ough → although, borough, dough, doughnut,
   furlough, thorough, though, trough
4. ow → arrow, barrow, below, blow, bow, bowl, burrow,
   crow, elbow, fellow, flow, glow, grow, hollow, know,
   low, bone marrow, narrow, mow, own, pillow,
   rainbow, row, shallow, show, shown, slow, snow,
   sparrow, stow, throw, tow, window, yellow

Üben wir den OH Laut in ganzen Sätzen

1. This home was sold a whole year ago.

2. The note and the only gold were also sold.

3. People on the go picked up the phone to say hello.

4. To be so cold, wear no clothes, fold your arms, and roll your body in the snow.

5. To be successful, be bold. Focus on your goal and pay the toll.

6. With a goal, I have an approach.

7. Without a goal, I'm a rudderless boat afloat.

8. So, set a goal, take an oath, bring a raincoat, and get on the road.

9. Thank you, coach! You're welcome, my fellow.

10. Although there's a hole in a doughnut, you eat the doughnut, not the hole.

11. The moon is hollow, and its shell is shallow?

12. Hold your arrow to the burrow because UFOs come from below.

13. Lights glow often at your telescope.

14. Rice grows slowly toward yellow.

15. Sparrows will eat your rice, crows will stare at UFOs.

16. Bring a pillow, sit in a shadow by the window, lower your elbows, and enjoy a show.

Vergleichen wir nun die Laute AW und OH:

- all, old
- alter, older
- bald, bold
- bought, boat
- call, coal
- chalk, choke
- claws, close
- cloth, clothes
- craw, crow
- draw, drove
- fall, fold
- fought, fold
- gall, go
- hall, hole
- jaw, Joe
- law, low
- lawn, loan
- loss, Low's
- mall, mole
- Paul, poll
- paw, pole
- raw, row
- saw, sow
- slaw, slow
- sought, sold
- stall, stole
- tall, told
- thaw, though
- thought, though
- thrall, throw
- walk, woke

Je mehr Sie üben desto besser werden Sie sein. Hier sind noch ein paar.

- applause, approach
- awe, oh
- called, cold
- cause, coach
- crawl, croak
- flawless, float-less
- pall, poll
- Shaw, show
- tossed, toast
- wall, wolf

Kapitel 12: Der Passen-Sie-Auf /ʊ/ Laut

Hören Sie sich den Laut an:

book, bush, cook, could, foot, full, good, hood, look, pull, should, wood

Um den Laut /ʊ/ zu betonen runden wir unsere Lippen an, entspannen unsere Zunge und erheben ihren hinteren Teil. /ʊ/. /ʊ/. /ʊ/.

Versuchen Sie die Betonung:
Cook → /ʊ/, /ʊ/K, K/ʊ/K.
Understood → /ʊ/, /ʊ/D, T/ʊ/D, ST/ʊ/D, DERST/ʊ/D, UNDERST/ʊ/D.

/ʊ/ ist ein kurzer Vokal und es folgt immer ein Konsonant.

Der /ʊ/ Laut kann aus den nun folgenden Kombination geformt werden:
1. oo → adulthood, afoot, audiobook, boogie, book, childhood, cook, cookbook, cookie, crook, foot, football, good, goody, hood, hook, look, rook, shook, snook, stood, stook, strook, took, understood, wood
2. ould → could, should, would
3. u → bull, bulletin, bush, full, fuller, pull, pullet, pulley, pullover, push, put

Es ist an der Zeit den /ʊ/ Laut in Sätzen zu üben.

1. Listen to an audiobook while we cook!

2. Find the ingredients of the cookies in a cookbook.

3. During their childhood life, read to your children good books.

4. Walk our journey on foot.

5. Football is meant to be played by foot.

6. Push the crooked hook to make it look good.

7. Look! There are goodies under the hood.

8. The rook shook the book and stood on a snook.

9. She understood the structure of woods.

10. He said he would if he could.

11. Should this bulletin be put next to the wood?

12. Mr. Fuller's bull, Fully, pushed the bush.

Vergleichen wir die Laute /ʊ/ und OH:

- book, boat
- cook, coke
- crook, croak
- foot, fold
- good, gold
- hood, hold
- hook, hope
- look, load
- rook, roll
- stood, stowed
- stook, stoke
- could, cold
- should, showed
- **bull, bowl**
- bush, boast
- **full, fold**
- **pull, poll**
- **pullet, pole it**
- **pulley, Polly**
- push, post
- put, poled

Bitte üben Sie die nun folgenden Paare. Seien Sie sorgfältig, sie sind unterschiedlich!

- **Bull, bowl,**
- **full, fold**
- **pull, pole**
- **pullet, pole it**
- **pulley, Polly**

Kapitel 13: Der häufig gebrauchte OO Laut

Probieren Sie es mit den folgenden Wortpaaren und versuchen Sie herauszufinden, ob sie identisch oder unterschiedlich klingen.

foot, food
look, Luke

Falls wir der Meinung sind, dass diese Wortpaare gleich betont werden - herzlichen Glückwunsch! Wir vertreten die gleiche Meinung wie die Mehrheit der Englisch-als-Zweitsprache Schüler.

Die gute Nachricht ist, dass sie unterschiedlich betont werden. Der eine Laut ist /ʊ/ und der andere ist OO.

Machen wir uns mit dem OO Laut vertraut:

bloom, blue, chew, clue, choose, do, duty, food, goose, mood, move, moon, ruler, super, who, zoo

Versuchen wir nun ihn zu betonen:
Andrew → OO, ROO, DROO, ANDROO.
Food → OO, OOD, FOOD.

Um OO richtig zu betonen runden wir unsere Lippen ab. Sie sind rund wie ein Kreis. Wir entspannen unsere Zunge und heben den hinteren Teil an während wir die Luft heraus lassen. OO. OO. OO.

Wie klingen die Laute, die eine Eule von sich gibt? Genau das ist der Laut, den wir brauchen. OO ist ein langer Vokal. Stellen Sie sicher, den Laut lange zu halten.

46

Der OO Laut wird meistens aus den folgenden
Kombinationen gebildet:

1. ew → Andrew, blew, brew, cashew, chew, crew, dew,
    flew, grew, jewelry, jewels, screw, stew, threw
2. o → approve, do, doable, loose, lose (I intentionally
    put these two together. Listen for the difference and
    then speak the difference.), move, movable, movie,
    prove, redo, remove, removable, reprove, shoe, to,
    two, undo, who, whose
3. oo → afternoon, baboon, balloon, bamboo, bloom,
    boo, boot, booth, broom, carpool, choose, cocoon,
    cooed, cool, food, droop, gloomy, goof, Google,
    goose, groove, hoof, hoot, kangaroo, lagoon, loop,
    loose, lose, (Did you hear the difference earlier? The
    difference is the ending S and Z sounds. We'll get to
    them in details in a later chapter.), loot, maroon,
    mood, moon, moot, moose, noodle, noon, ooze,
    pool, proof, roof, room, school, scoop, scoot,
    shampoo, smooth, snooze, soon, spoon, sooth,
    spook, too, tool, tooth, zoo
4. u → Bruce, bruise, conclude, crude, cruise, dual,
    dune, duty, fluid, flute, fruit, include, juice, June, lube,
    plume, prudence, prudential, prune, recruit,
    revolution, rule, ruler, spruce, student, suit, super,
    through, tube, tune
5. ue → avenue, blue, clue, cruel, due, duel, flue, glue,
    pursue, statue, Sue, Tuesday
6. Words with the U sound → amuse, argue, barbecue,
    beautiful, continue, cube, cue, cute, excuse, few,
    fuel, fuse, hue, huge, human, humidity, humor, issue,
    knew, menu, muse, music, mute, new, Newton,
    nuclear, pew, preview, pure, queue, renew, rescue,
    review, skew, tissue, U-turn, UFO, unit, unite,
    unicorn, unicycle, uniform, unique, universe, use,
    usually, Utah, utensil, venue, view

Jetzt üben wir den OO Laut im Satz.

1. Andrew blew away the cashew he chewed.
2. The brew crew drew dew as they flew.
3. New jewels were approved as the jewelry store grew.
4. Newton knew why apples drooped.
5. His universal rule: loose objects moved downward as you threw.
6. Approved! Utah's carpool plan is cool! It's doable, movable, and usable, too.
7. If you lose your shoes, fetch them with a bamboo.
8. What color do you choose this afternoon, blue or maroon?
9. Where do you plan to go tomorrow, a hot air balloon, a lagoon, or the moon?
10. Today, tomorrow, tonight, love together, humanity unites.
11. Sue and Drue choose the gloomy booth to barbecue the food.
12. So true! They ate noodles in the pool.
13. Set the goose loose to let it fly to the roof of the igloo.
14. This zoo is a valuable tool for schools.
15. The peekaboo moon spooked the moose, too.
16. Stay tuned on Channel 2 if you want to hear the true sound of this muted flute.
17. Bruce's bruise suits his effort on what he's been through.
18. June is the time to take a cruise.
19. If you want to pass through, drink some juice. That's the rule.

Vergleichen wir /ʊ/ und OO.

/ʊ/ OO
/ʊ/ OO

book, boot
bush, booth
cook, cool
could, cooled
foot, food
full, fool
goods, goose
hood, hoot
look, Luke
pull, pool
pullet, prove it
pushed, boost
rook, rule
shook, shoe
should, shoot
snooks, snooze
stood, stewed
strook, strew
sugar, shooter
took, tool

Widmen Sie sich nun den folgenden Wortpaaren. Üben Sie sorgfältig. Sie sind unterschiedlich!

foot, food
full, fool
hood, hoot
look, Luke
pull, pool
should, shoot
stood, stewed

Kapitel 14: Der einfache A Laut

Hören wir uns den Laut an:

able, baby, cake, day, eighteen, faith, gave, hay, innate, jade, Kate, lemonade, make, okay, prepaid, quake, statement, take, way

Um den A Laut zu betonen entspannen wir unsere Lippen und spannen unsere Zunge an. Wir bewegen unsere Zunge nach oben. A. A. A.

Versuchen wir es:
Cable → A, ABL, KABL.
Brain → A, AN, RAN, BRAN.

Den A Laut können wir aus den folgenden Kombinationen bilden:
1. a →able, abrasive, administrator, aliens, alligator, angel, April, baby, cable, canine, capable, danger, delegation, David, fable, gable, hallucination, maple, nation, naval, recommendation, staple, table, vapor
2. a + consonant + e → abdicate, accumulate, ace, ache, adjacent, age, amaze, bakery, belated, blade, cadence, cape, change, chase, date, delegate, engage, exaggerate, exhale, fade, fate, gate, grade, handshake, haze, hazelnut, inhale, James, Jane, Kate, lake, make, mandate, methane, navy, pavement, quake, rate, relate, save, skate, take, wake
3. ai → acclaim, acquaintance, afraid, aid, aim, available, await, bail, brain, Cain, chain, claim, contain, daily, detail, domain, email, entertain, explain, faith, gain, hail, Jaiden, Kaiden, mailbox, maintain, mermaid, nail, obtain, pain, plain, praise, quail, raincoat, raise, retain, sail, snail, sprain, straight, tail, tailor, trail, train, trait, vain, wait, waive,

50

4. ay → array, away, Ayers, bay, cay, day, delay,
   Fayetteville, Gayle, Hayden, Jay, Kay, lay, May,
   payday, ray, say, way
5. ea → break, great, steak, unbreakable,
6. ei → eight, beige, freight, neighbor, reign, rein,
   sleigh, unveil, veil, vein, weight
7. ey → fey, Grey, hey, prey, survey, they

Übung: A in ganzen Sätzen.

1. Yesterday has gone away.

2. Tomorrow is not yet awake.

3. Face today with bravery, use every second you've saved, and build your English pronunciation today!

4. To be successful, I must face pain. I've failed so much that pain can no longer hurt my brain.

5. I get up straight away, even if my ankle was sprained.

6. I keep walking toward my target, despite the hail and the rain.

7. Dedicate and be brave. Your plan can change; your goal must remain.

8. With faith, even water can cut through rocks. Hey! Keep working, and your effort will be repaid.

9. Is it an alien or my hallucination? April and Angel, what are your recommendations?

10. David, the fable illustrator, is capable of illustrating maples on tables.

11. Amazing! Alligators are chasing prey in the naval base.

12. Delegate when your work accumulates. Save a day and go straight to the gate of aid.

13. Conduct a survey, aim at a place, engage and participate, make mistakes, exchange handshakes, go straight, and success awaits.

14. James, Jane, and Kate swam in the lake.

15. Exaggerate! Decorating her skates with chains.

16. Titan's air contains methane. The moon of Saturn is a domain waiting to be claimed.

17. Take the train to Spain to find James Cain. If he's not there, harvest a sugar cane.

18. Jaiden, Hayden, and Kaiden singing in cadence for entertainment.

19. Jay and Kay cooperate in a relay race to aim for first place.
20. Great! Let's take an eight-minute break, and perhaps we can lose some weight.

Kapitel 15: Der I Laut

Hören wir uns zunächst einmal den Laut an:

bye, cycle, dime, eye, fly, guy, hi, ice, jive, kite, life, mind, nice, rice, sight, time, vine

Um den I Laut zu betonen sagen Sie AH und dann E zusammen. Unser Mund sollte beim AH weit geöffnet sein und sich beim E langsam schließen. Unsere Zunge sollte flach unten im Mund ruhen und sich dann in eine hohe Position heben. I. I. I.

Versuchen wir es:
Bike → I, IK, BIK.
Frighten → TEN, RITEN, FRITEN.

Der I Laut kann folgendermaßen kombiniert werden:
1. i → bike, biker, bicycle, biology, bite, citation, cite, dial, dice, dike dime, dine, diner, dive, diver, file, fine, five, giant, hi, hide, hike, hive, ice, iceberg, jive, kind, kite, knife, lice, life, light, like, lime, line, lite, live, mice, Michael, microphone, mile, mind, mine, miner, Niagara, nice, Nike, Nile, pike, pile, pine, pioneer, pipe, price, pride, primary, prime, quite, rice, ride, rifle, rile, Riley, ripe, ripen, rise, side, silent, smile, site, survive, swipe, size, tide, tie, tiger, tile, time, tiny, title, via, viable, vice, vine, vital, wide, while, white, wife, WIFI, wipe, wiper, viper, write, wise, yikes
2. ie → apple-pie, applies, bow-tie, butterflies, cries, cried, dragonflies, dries, flies, fries, fried, lie, magnifies, magnified, magpie, pie, replies, replied, skies, spied, spies, tie, tried, tries, untied
3. igh →bright, delight, fight, fighter, flight, fright, frighten, height, high, knight, light, lighthouse, might, mighty, moonlight, night, plight, right, sight, slight, sunlight, thigh, tight, tonight, twilight

4. y → apply, butterfly, buy, by, bye, comply, cry, cycle, dragonfly, dry, dye, eye, fly, fry, guy, hype, July, Kyle, Lyle, magnify, my, ply, plywood, Popeye, pry, recycle, reply, Ryan, rye, shy, sky, spy, style, type, typhoon, xylophone, why

Sehen wir uns einmal diese Wörter an:
Tide, Tight
Side, Cite
Hide, Height

Klingen sie Ihrer Meinung nach gleich? Wenn Sie diese Meinung vertreten, super! Die Mehrheit der Englisch-als-Zweitsprache Schüler vertritt die selbe Meinung.

Sie unterscheiden sich leicht. Hören Sie genau hin, wie lange der I Laut ist. Versuchen wir es nochmals.
Tide, Tight
Side, Cite
Hide, Height

In den Wörtern tide, side und hide, den Wörtern mit längeren Vokallängen und Endungen auf D ist die Länge des I Lauts etwas länger. Hören Sie sie sich noch einmal an.
Tide, Tight
Side, Cite
Hide, Height

In den Wörtern tide, side und hide, den Wörtern die auf D enden, ist die Länge des I Lautes länger. Die Länge des I Lautes ist länger da diese drei Wörter mit einem /D/ Laut enden. /D/ ist ein betonter Konsonant. Wir werden in späteren Kapiteln mehr über Konsonanten lernen, nun aber werfen wir einen schnellen Blick auf die betonten Konsonanten.

Die betonen Konsonanten sind:

/B/, /D/, /G/, /J/, /L/, /M/, /N/, /NG/, /R/, /TH/, /V/, /W/, /Y/, /Z/, /ZH/

Wenn ein Wort auf einen dieser betonten Konsonanten endet müssen wir den Vokal Laut vor diesen Konsonanten länger halten.

Sagte ich gerade, Sie sollen den Vokal Laut vor diesen Konsonanten länger halten? Ja, das habe ich. Wenn ein Wort auf einen dieser betonten Konsonanten endet müssen wir den Vokal Laut vor diesen Konsonanten länger halten.

Versuchen wir es noch einmal mit diesen Wortpaaren.
Tide, Tight
Side, Cite
Hide, Height

Hier haben wir noch ein paar ähnliche Wortpaare zum Ausprobieren. Was machen wir? Den Vokal vor den betonten Konsonanten länger halten!
Five, Fife
Live, Life
Bride, Bright
Size, Sights
Ride, Write
Knives, Knife
Eyes, Ice (Das S in eyes wird als /Z/ betont und /Z/ ist ein betonter Konsonant, also halten wir den I Laut länger.)

Ich wiederhole, wir werden in späteren Kapiteln mehr zu den Konsonanten und Vokallängen lernen, aber für den Moment werden wir den I Laut in Sätzen üben.

1. The biker on the bicycle is riding on the bike.
2. Cite your citations like taking your vacations for the biology class that you like.
3. Dial 9 then roll a dice to decide what side of the dike to dike.
4. Dine at Diner to have a bite and hire a driver with dimes.
5. Dive into the water when in a single file line then all divers will be fine.
6. Five giant bee hives are hiding behind the pine. All hikers are required to bring some ice.
7. An iceberg stopped the Titanic when some riders were dancing Jive.
8. This kind of kite looks like a knife.
9. Walk five miles if you don't mind to meet the miners in the mine.
10. Which one do you have in mind, Niagara Falls or the Nile River?
11. Pine cones pile up at Pioneer Market on Pike.
12. Take pride! The prime pipe is priced quite right.
13. Her rice has silently risen and ripen. What a sight!
14. Rice rises on site. Harvest from the right side on time. Imbibe to survive.
15. Swipe a tiger you'd better hide. Tigers are sized to fight worldwide.
16. It's viable to get a title via Tile Time. Just wear a white tie with a grapevine from a pine.
17. Wipe a viper with a wiper is wise only if you're truly prepared to die.
18. "Honey, if you want to get something tonight," said the wife, "it's vital we have WIFI all the time."
19. Butterflies, dragonflies, fruit flies, and magpies, fighting to enjoy the apple pie.
20. Magnify! Do you see the spy wearing a bow tie, lying supine, crossing the sky?

21. At midnight, under the moonlight, nine bright lights light up the sky.
22. Kyle and Lyle, Popeye and Ryan, applied to dive a mile in July.
23. Right! The tide has reached its height by the lighthouse at twilight.
24. "An eye for an eye makes the world blind."
25. I say let's forgive and survive.

Kapitel 16: Der OW Laut

Machen wir uns mit dem OW Laut vertraut:

around, bound, cloud, clown, found, house, how, sound, town, wow

Um den OW Laut zu betonen sagen Sie AH mit regulärer Stimmlage und OH in tieferer Stimmlage. Unser Mund sollte weit geöffnet sein beim AH und sich dann langsam schließen und abrunden beim OH. OW. OW.

Probieren wir es aus:
Crouch → OW, OWCH, ROWCH, CROWCH.
Allow → OW, LOW, ALOW.

Den OW Laut können wir aus den folgenden Kombinationen formen:
1. ou → about, account, aloud, amount, announce, around, arouse, blouse, bounce, bound, boundary, cloud, couch, counselor, count, counter, countless, county, crouch, doubt, drought, en-route, flour, flounder, found, ground, grout, hound, hour, house, joust, loud, lounge, louse, lout, mound, mount, mountain, mouse, mouth, noun, ouch, ounce, our, oust, out, outcome, outdoors, outfit, output, pouch, pound, pout, proud, pronounce, round, rouse, route, scout, shout, snout, sound, soundless, soundtrack, south, spouse, spout, stout, stoutly, stoutness, surround, thousand, trout, tousle, vouch, voucher
2. ow → allow, allowance, anyhow, bow, Bowry, brow, brown, brownie, browse, browser, cauliflower, chow, chowder, clown, cow, cowboy, cowfish, crown, crowd, down, downhill, download, downstairs, downtown, dowry, drowsy, empower, endow, eyebrow, flower, fowl, frown, glower, gown, growl, how, howdy, however, howl, manpower, Mayflower,

meow, now, owl, pow, power, Powell, powder, prowl, scowl, shower, towel, tower, town, trowel, vowel, vow, wow

Üben wir den OW Laut nun in ganzen Sätzen.

1. What's the amount in the account? Read aloud to announce to people around.
2. Arouse! Get up from the couch and bound for town.
3. Wow! The cloud is bouncing around.
4. How many people are heading to town? Can you count?
5. Of course, I can count! The cloud is bouncing around.
6. He mounted his horse to climb up the mountain.
7. After the drought, the mouse found a nesting ground.
8. If you have doubt, howl. You're a tiger if you're aroused from your couch.
9. Look out! There is a mouse!
10. Be proud! You're the man of the house!
11. Is it a noun or a pronoun? Who cares? Just pronounce the sound.
12. In this soundless mountain, there are thousands of trees around.
13. A scowled owl prowls the meadow.
14. Allowances will be allowed to spouse of the aroused.
15. Let's browse Mr. Brown's brownie shop with the crowd.
16. Don't frown. If empowered, even a cowboy can take the crown.
17. To download on this browser, go downhills to downtown.
18. Like the Mayflower, be the first and you're in power.
19. If you have power, you can shower in this tower.

Kapitel 17: Der OY Laut

Versuchen wir uns am OQ Laut:

avoid, boy, choice, Doyle, enjoy, foil, hoist, joy, loyal, moisture, noise

Um den OY Laut richtig zu betonen, sagen Sie bitte AW und E zusammen. Das ist dann AW EEE. Unser Mund sollte leicht gerundet beim AW sein und sich dann langsam für das E öffnen. Unsere Zunge sollte entspannt in mittlere Position sein und sich dann erheben. OY. OY. OY.

Fangen wir an:
Detroit → OY, OYT, ROYT, TROYT, DETROYT.
Enjoy → OY, JOY, ENJOY.

Den OY Laut können wir in folgenden Kombinationen vorfinden:
1. oi → Android, appoint, appointment, avoid, ballpoint, boil, boiler, broil, choice, coil, coin, Detroit, doily, enjoin, exploit, foil, groin, hoick, hoist, invoice, join, joint, loin, moil, moist, moisture, noise, noisy, oil, oink, point, poise, poison, recoil, rejoice, sirloin, soil, spoil, toil, voice, void
2. oy → alloy, annoy, boy, boyfriend, boyhood, convoy, cowboy, decoy, deploy, destroy, destroyer, employ, employee, employer, enjoy, Hoyle, joy, joyful, loyal, loyalty, oyster, ploy, royal, savoy, soy, soybean, toy, Troy, voyage, Voyager, zoysia

Üben wir den OY Laut jetzt in Sätzen.

1. Appoint an android to avoid the asteroid.
2. Here is a pen with a ballpoint. Boil or broil, write down your choice.
3. The boiler is destroyed. Make an appointment, wrap it up with foil, and give it a hoist.
4. Rejoice when your plan is foiled. Exploit another opportunity and recoil.
5. Test erosion with a groin. Test your strength with a hoick.
6. Enjoy your broiled bok choy in Detroit! Here is your invoice.
7. Moil your point, toil your voice, brace for noise, and success is poised.
8. Oil the joint, fill the void, and cheer your joy.
9. Oink, oink. The pig house is moist. Bring some soil, and pigs will enjoy.
10. Recoil! Under the zoysia, a snake is coiled. It's employed. Make no noise.
11. Send a convoy with your envoy when you're poised to deploy.
12. Hoyle, the cowboy, who's loyal to Monroy, is in the convoy.
13. With some soy milk as a decoy, Hoyle the cowboy, enjoins a ploy.
14. Soybean and soy milk contain soy. Take some cabbage as savoy. Enjoy!
15. Boy! Joyce Roy, owner of a Roll-Royce, who sells toys, coins, and alloy, is voyaging to Troy.

Kapitel 18: Der /ER/ Laut

Hören wir uns den /ER/ Laut an:
bird, dirt, earth, girl, her, lurk, mercy, nerd, occur, perch, sir, turf, venture

Der /ER/ Laut ist der Klang der Vokale a, e, i, o und u die vom Buchstaben R gefolgt sind.

Wie betonen wir das Wort OR?
> Es ist O + R
> Wir betonen es /O/ /R/
> Wenn wir es schnell sagen wird der Klang zu /OR/, /OR/.
> Jetzt schneller, /OR/, /OR/

Auf diese Art erhalten wir den /ER/ Laut. Vokal + /R/ Laut.

Wie betonen wir das Wort YOUR?
> Es ist YOU + R
> Wir betonen es /YOO/ /R/
> Wenn wir es schnell sagen wird der Klang zu /YOOR/, /YOOR/.
> Jetzt schnell, /YOOR/, /YOOR/

Der /ER/ Laut kann von allen fünf Vokalen a, e, i, o, u und ihren Kombinationen + /R/ geformt werden:
1. ar → binocular, blizzard, caterpillar, cellar, cellular, circular, collar, cougar, grammar, irregular, lizard, particular, polar, regular, sugar
2. er → archer, blender, carpenter, character, consider, dreamer, either, father, gather, her, insurer, joiner, keeper, lender, mercy, mother, reader, winner
3. ear → early, earn, earnest, earth, heard, learn, pearl, rehearse, research, search
4. ir → affirm, birth, circle, confirm, firm, first, girl, sir,

shirt, skirt, smirk, stir, swirl, thirst, thirteen, Virginia, virtual, virtues, whirl

5. or → actor, anchor, author, bachelor, chancellor, creator, doctor, editor, educator, equator, factor, gator, inventor, monitor, operator, simulator, visor, word

6. ur → absurd, burner, curtain, curve, exurbs, femur, fur, furnace, furniture, further, hurdle, nocturne, occur, turf

7. ure → adventure, culture, endure, ensure, exposure, feature, fixture, gesture, injure, insure, leisure, nature, obscure, posture, secure, venture

Kapitel 19: Die verlorenen Vokallaute

Lauschen wir den Lauten:
chocolate, family, final, interesting, restaurant, separate

Im natürlichen Redefluss verlieren wir einige Vokale.

Schauen wir uns mal die verlorenen Vokale im Wort "interesting" an.

Die korrekte komplette Betonung ist "in-te-resting." Im natürlichen Redefluss jedoch wird die Betonung zu "intresting." Beide Betonungen sind korrekt. Wenn wir "interesting" bei natürlicher Geschwindigkeit aussprechen, sagen wir "intresting." Wenn wir "interesting" bei langsamer Geschwindigkeit aussprechen, sagen wir "in-te-resting."

Einen oder mehrere Vokale in einem Wort zu verlieren führt dazu, dass die Wörter sehr natürlich klingen.

Anstatt also "cho-co-late" zu sagen, sagen Sie "choclit."
Anstatt "fa-mi-ly" zu sagen, sagen Sie "famly."

Üben wir sie.
fi-nal → finl
in-te-resting → intresting
res-tau-rant → restrant
se-pa-rate → seprit

Nochmals, im natürlichen Redefluss verlieren wir den Klang mancher Vokale komplett. Die gute Nachricht ist, dass es nur sehr weniger dieser Wörter gibt. Wenn wir also jemanden langsam in-te-resting sagen hören ist dies ebenso korrekt!

Kapitel 20: Die reduzierten Vokallaute

Wir haben gerade über die verlorenen Vokale gelernt, wo wir den Klang einiger Vokale komplett verlieren.

Jetzt widmen wir uns den reduzierten Vokallauten. Hören wir uns ein paar Beispiele an:
Adjust, advance, along, alive, amaze, another

Ist Ihnen aufgefallen, dass wir
- əlong anstelle von a long sagen?

Ist Ihnen aufgefallen, dass wir
- ənother anstelle von an other sagen?

Bei reduzierten Vokallauten behalten wir alles Vokallaute aber vernachlässigen einige Vokallaute.

Um die reduzierten Vokallaute richtig zu betonen müssen wir drei Dinge tun:
1. Die Stimmlage senken.
2. Die Vokallänge einkürzen.
3. Die Sprechlautstärke senken.

Hören wir sie uns nochmals an. Beachten Sie die unterstrichenen Buchstaben.
Adjust, advance, along, alive, amaze, another

Wir reduzieren einige Vokallaute um andere Vokallaute in den Vordergrund zu stellen. Hier sind ein paar weitere Beispiele.

accountant, accomplish, accumulate, Balloon, beautiful

Nehmen wir das Wort Balloon als Beispiel. Wir sagen Balloon nicht jedoch Ball Loon.

Versuchen wir noch mehr.

Ba̲lloon, beau̲ti̲ful, cam̲e̲ra, consta̲nt, co̲nstruction, co̲ntinue, e̲lectricity, ginge̲rly, huma̲n, i̲nvestigate, ki̲lometer, persona̲l, pe̲destrian, pe̲rsoni̲fy, pho̲togra̲pher, re̲si̲dential, u̲ntil, uni̲versi̲ty

Nochmals, um reduzierte Vokallaute korrekt zu betonen müssen wir drei Dinge befolgen:
1. Die Stimmlage senken.
2. Die Vokallänge einkürzen.
3. Die Sprechlautstärke senken.

Probieren Sie es noch einmal.
Ba̲lloon, beau̲ti̲ful, cam̲e̲ra, consta̲nt, co̲nstruction, co̲ntinue, e̲lectricity, ginge̲rly, huma̲n, i̲nvestigate, ki̲lometer, persona̲l, pe̲destrian, pe̲rsoni̲fy, pho̲togra̲pher, re̲si̲dential, u̲ntil, uni̲versi̲ty

Nochmals, wir reduzieren einige Vokallaute um andere Vokallaute in den Vordergrund zu stellen.

Kapitel 21: Die regulären Vokallaute

Die regulären Vokallaute sind Laute, die ganz regulär betont werden.

Bisher haben wir von
- den verlorenen Vokallauten
- den reduzierten Vokallauten
- den regulären Vokallauten

gehört.

Widmen wir uns den letzten - den betonten Vokallauten.

Kapitel 22: Die betonten Vokallaute

Wir haben bereits über reduzierte Vokallaute gelernt. Nun lernen wir etwas über das Gegenteil - die betonten Vokallaute.

Sehen Sie sich das nun folgende Wort an.

Congratulations

Ist Ihnen der hervorgehobene Vokal /A/ aufgefallen?

Wir sagen Congratulations aber nicht Congratulations?

Wir sagen sentence, aber nicht sentence.
Wir sagen America, aber nicht America.

Dies ist Wortbetonung. Wir betonen den Klang bestimmter Vokale und reduzieren den Klang manch anderer Vokale.

Noch ein Versuch.
Congratulations
Sentence
America

Hervorgehobene Vokale werden betont:
1. Erhöhen Sie die Stimmlage
2. Dehnen Sie die Vokallänge aus
3. Es darf ruhig etwas lauter sein

Probieren Sie es noch einmal.
Congratulations
Sentence
America

Zur Wiederholung, sie werden mit höherer Stimmlage betont, ausgedehnter Vokallänge und manchmal mit kräftigerer Stimme.

Übung macht den Meister:
    Congratul_a_tions
    S_e_ntence
    Am_e_rica

Werfen wir einen Blick auf das folgende Wort.
    *Am_e_ri_ca_*

In dem Wort America gibt es vier Silben – A, Me, Ri, Ca.
    A – Reduzierter Vokallaut, kürzere Vokallänge
    Me – Betonter Vokallaut, ausgedehnte Vokallänge
    Ri – Reduzierter Vokallaut, kürzere Vokallänge
    Ca – Regulärer Vokallaut, reguläre Vokallänge

Ist Ihnen aufgefallen, dass es sich bei betonten Vokalen um das Gegenteil von reduzierten Vokalen handelt? Wir probieren es noch einmal.
    *Am_e_ri_ca_*
    *Am_e_ri_ca_*
    *Am_e_ri_ca_*

Woher weiß man, welche Silben man betonen soll? Die gute Nachricht ist, es gibt viele Regeln, denen man folgen kann obwohl diese Regeln nicht immer funktionieren. Es gibt jedoch eine Regel, die immer funktioniert - lernen Sie die Wörter.

71

Kapitel 23: Intonation

Betrachten wir diese vier Sätze.

1. They are coming.
2. **They** are coming.
3. They **are** coming.
4. They are **coming**.

Diese vier Sätze sind identisch, jedoch bekommen sie eine jeweils andere Bedeutung, je nachdem auf welches Wort wir die Betonung legen.

Sehen Sie sich die unterstrichenen Wörter in den folgenden Sätzen an. Dies sind die betonten Wörter.
1. They are coming. They are coming.
Nichts ist unterstrichen. Es ist ein normaler Satz.

2. **They** are coming. **They** are coming.
Dies sagt Ihren Zuhörern, wer kommt – they.

3. They **are** coming. They **are** coming.
Es geht darum ob oder ob sie nicht kommen.
Betonung auf dem Wort *are* sagt Ihren Zuhörern, dass sie kommen.

4. They are **coming**. They are **coming**.
Es geht darum was sie machen. In diesem Fall kommen sie. Kommen ist die Aktion. Kommen ist was sie tun.

Dies ist Betonung. Was wir betonen ist was wir unseren Zuhörern vermitteln wollen.

Jetzt hören Sie sich das Audiofile an und konzentrieren Sie sich sorgfältig auf die betonten Wörter.

1. They are coming. They are coming.
2. **They** are coming. **They** are coming.
3. They **are** coming. They **are** coming.
4. They are **coming**. They are **coming**.

Die hervorgehobenen Wörter werden betont:
1. Stimmlage erhöhen
2. Die Vokallänge verlängern
3. Es kann ruhig lauter sein

Vergleichen Sie den Unterschied.

They
They
They
They
They are coming.
They are coming.
They are coming.
They are coming.

Nochmals, höhere Stimmlage, längere Vokallänge und es darf gerne mal lauter sein. Vergleichen wir den Unterschied zwischen den beiden are's.

Are
Are
Are
Are
They are coming.
They **are** coming.
They are coming.
They **are** coming.

Und nun das Wort coming.

Coming
Coming
Coming
Coming
They are coming.

They are **coming**.
They are coming.
They are **coming**.

In den letzten vier Kapieln haben wir
- die verlorenen Vokallaute
- die reduzierten Vokallaute
- die regulären Vokallaute
- die betonten Vokallaute

kennengelernt.

Dieses sind Wortbetonungen. In diesem Kapitel erlernen wir die Satzbetonung. Ich wiederhole, die hervorgehobenen Wörter werden betont:
1. Stimmlage erhöhen
2. Vokallänge verlängern
3. Lauter werden

Üben wir nun die Satzbetonung!

1. Good morning.
2. **Good** morning.
3. Good **morning**.

4. How are you?
5. **How** are you?
6. How **are** you?
7. How are **you**?

8. Fine. Thanks.
9. **Fine**. Thanks.
10. Fine. **Thanks**.

11. Would you like some water?
12. **Would** you like some water?
13. Would **you** like some water?
14. Would you **like** some water?
15. Would you like **some** water?

16. Would you like some **<u>water</u>**?

17. They all have different meanings.
18. **<u>They</u>** all have different meanings.
19. They **<u>all</u>** have different meanings.
20. They all **<u>have</u>** different meanings.
21. They all have **<u>different</u>** meanings.
22. They all have different **<u>meanings</u>**.

Wie wissen Sie nun, was wirklich gemeint ist? Ganz einfach. Lauschen Sie den hervorgehobenen Wörtern.

Sehen wir uns das Folgende an.

    1. That's a **beautiful** sunset!
    2. That's a beautiful sun**rise**!

Im ersten Satz sagt der Sprecher, dass der Sonnenuntergang schön ist. Der Sprecher betont das Wort "beautiful."

Im zweiten Satz korrigiert der Sprecher den ersten Sprecher bezüglich der Tageszeit durch betonen des Wortes *sunrise*. Da beide Wörter sunset und sunrise das Wort *sun* am Anfang haben, ist der einzige Teil im Wort *sunrise* der betont werden muss der Teil *rise*.

Versuchen wir es nochmals.
    1. That's a **beautiful** sunset!
    2. That's a beautiful sun**rise**!

    3. That's a **beautiful** sunset!
    4. That's a beautiful sun**rise**!

Bitte probieren Sie das nun Folgende.

1. Did you go to the supermarket yesterday?
2. **Yes**, I did.

3. Did you go to the supermarket yesterday?
4. Yes, I went at **seven**.

5. Did you go to the supermarket yesterday?
6. Yes, I went to the **produce** department.

7. Did you go to the supermarket yesterday?
8. Yes, I went to **Starbucks**, too.

9. Did you go to the supermarket yesterday?
10. Yes, milk was **on sale** yesterday!

Wiederholen wir es noch einmal.

1. Did you go to the supermarket yesterday?
2. **Yes**, I did.

3. Did you go to the supermarket yesterday?
4. Yes, I went at **seven**.

5. Did you go to the supermarket yesterday?
6. Yes, I went to the **produce** department.

7. Did you go to the supermarket yesterday?
8. Yes, I went to **Starbucks**, too.

9. Did you go to the supermarket yesterday?
10. Yes, milk was **on sale** yesterday!

Die folgenden Sätze sind identisch jedoch haben einige davon die gegenteilige Bedeutung als es auf den ersten Blick erscheint.

    1. That is wonderful.
    2. **That** is wonderful.
    3. That **is** wonderful.
    4. That is **wonderful!**
    5. **That** is **wonderful!**

Zeile 1 ist normal. Es sagt unseren Zuhörern lediglich, dass das, was passiert, wundervoll ist. Die ganze Linie ist flach. Es ist eine Antwort auf die folgende Frage:

Is that wonderful?

That is wonderful.

Zeile 2 betont auf *that* - das, was auch immer dort fortgeht. *Wonderful* ist hier zweitrangig. Es ist eine Antwort auf die folgende Frage:

What's wonderful?

That

is wonderful.

Zeile 3 jedoch geht darum, ob das was vorgeht, wundervoll ist oder nicht. Es ist eine Antwort auf die folgende Frage:

Is that wonderful or not?

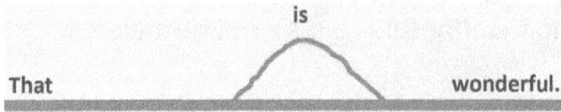

Zeile 4 ist eine Antwort auf die folgende Frage:

How do you like that?

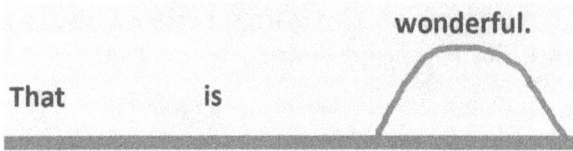

Zeile 5 ist das komplette Gegenteil von Zeile 1. Es verherrlicht nicht nur nicht, was auch immer vorgeht, die eigentliche Bedeutung sagt, dass das, was dort vorgeht, nicht wundervoll ist.

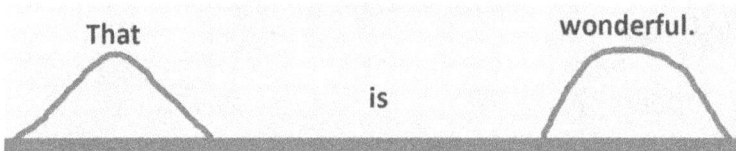

In Zeile 5 stellen Sie sich vor:
1. Sie haben ein neues Handy gekauft.
2. Sie hielten es in Ihrer Hand und lächelten.
3. Sie sind ausgerutscht und haben das Handy ins Wasser fallen lassen.

Das ist der Moment, wenn Sie sagen "**That** is **wonderful!**"

Da wir nun schon ganz gut trainierte Ohren haben ist es leicht herauszufinden, was ein Sprecher genau meint. Lauschen Sie den hervorgehobenen Wörtern.

Bei natürlicher Sprechweise werden die hervorgehobenen Wörter mit leicht erhöhter Stimmlage als die restlichen Wörter gesprochen, aber der Vokal lässt sich leicht ausmachen.

Nochmals, hervorgehobene Vokale werden folgendermaßen betont:
1. Stimmlage erhöhen
2. Vokallänge verlängern
3. Es kann lauter sein

Kapitel 24: Konsonanten Übersicht

Anders als die fünf Vokale sind die restlichen Buchstaben des Alphabets Konsonanten. Diese Konsonanten kann man weiteren Konsonanten kombinieren um andere Konsonantenlaute zu formen.

Es gibt zwei Arten von Konsonanten, betont und unbentont.

Legen wir unsere Hand auf unseren Hals und sagen wir /M/.

Können wir Vibration an unserem Hals fühlen? Dies ist wichtig. Versuchen Sie es nochmals bis Sie Vibration fühlen können. Sagen Sie länger /MMMMMMMMMM/ bis Sie die Vibration fühlen können.

Wir können diese Vibration fühlen weil unsere Stimmbänder beim /M/ vibrieren. /M/ bezeichnen wir als betonten Konsonanten.

Nun legen wir wieder unsere Hand an den Hals und sagen /S/.

Fühlen wir Vibration? Sagen Sie /SSSSSS/ so lange Sie es schaffen. /S/ ist nur ausströmende Luft zwischen unseren Zahnlücken und unserer Zunge. Es gibt absolut keine Vibration.

Wir können keine Vibration fühlen weil unsere Stimmbänder beim /S/ nicht vibrieren. Daher nennen wir /S/ einen unbetonten Konsonanten.

Es gibt nur neun unbetonte Konsonanten. Lassen Sie die Hand an Ihrem Hals und versuchen Sie es mit diesen Konsonanten.

/CH/, /F/, /H/, /K/, /P/, /S/, /SH/, /T/.

Probieren Sie es nochmals. Denken Sie daran, keine Vibration.

/CH/, /F/, /H/, /K/, /P/, /S/, /SH/, /T/.

Nun da wir acht von ihnen ausprobiert haben, gibt es noch mehr - der Laut, der sich aus den Buchstaben TH ergibt.

TH kann betont oder unbetont sein. Betrachten wir das unbetonte TH zu erst. Sehen Sie sich dieses Wort an.
    Thank
    Thank
    Thank

Das TH in "thank" ist unbetont.

Und nun werfen wir einen Blick auf das betonte TH. Sehen Sie sich dieses Wort an.
    Than
    Than
    Than

Das TH in "than" ist betont.

Wir werden uns diesen beiden in späteren Kapiteln noch zuwenden.

Anders als die neun unbetonten Konsonanten ist der Rest der Konsonanten betont. Legen Sie wieder Ihre Hand an den Hals und sagen Sie das Folgenden aus. Sie alle haben Vibration.

/B/, /D/, /G/, /J/, /L/, /M/, /N/, /NG/, /R/, /TH/, /V/, /W/, /Y/, /Z/, /ZH/

Versuchen Sie es nochmals. Fühlen Sie die Vibration.

/B/, /D/, /G/, /J/, /L/, /M/, /N/, /NG/, /R/, /TH/, /V/, /W/, /Y/, /Z/, /ZH/

Lassen Sie uns jeden dieser Konsonanten detailliert in den folgenden Kapiteln behandeln.

Kapitel 25: Die B, /B/ und die P, /P/ Laute

Hören wir uns erstmal das B, den /B/ Laut an.

Baby, ball, bat, beautiful, bee, Betty, bill, blink, boss, bug, busy.

Um /B/ zu betonen schließen wir unsere Lippen. Ich wiederhole es noch einmal. Um /B/ zu betonen, schließen wir *beide* Lippen. Schnell öffnen wir unsere Lippen um den /B/ Laut zu produzieren. Wir öffnen unsere Lippen indem wir unsere Oberlippe hochziehen und unsere Unterlippe runterziehen. Ja. Oberlippe hoch. Unterlippe runter. Es kommt quasi keine Luft raus wenn wir unsere Lippen auf diese Art öffnen. Halten Sie ein Stück Papier vor Ihren Mund während Sie /B/ aussprechen. Das Papier sollte sich nicht bewegen.

Wir halten jetzt eine Hand an unseren Hals um die Vibration zu spüren. /B/. /B/. /B/. Ja, /B/ ist ein betonter Konsonant. Fühlen Sie die Vibration. /B/. /B/. /B/.

Üben wir das /B/:

1. /B/ mit B am Anfang:
    bag, bagel, bake, baker, ball, bank, base, basil, batch, beach, bean, beige, belief, believe, below, belt, berry, best, bicycle, biker, big, Billy, bin, bird, blender, boat, box, brain, bring, brink, broccoli, buddy, buffalo, build, bush, bite.

2. /B/ mit B in der Mitte:
    Abacus, abbreviation, ability, able, aboard, about, above, abrasive, absent, absolutely, acceptable, accountable, affordable, baboon, baby, Barbara, capability, database, elaborate, establish, fabric,

fabulous, gigabyte, habit, label, lullaby,
neighborhood, rabbit

3. /B/ mit B am Ende:
   absorb, adverb, barb

Wenn B am Ende ist müssen wir noch etwas extra tun - den
Vokallaut vor dem B länger halten.

Erlauben Sie mir mich zu wiederholen - halten Sie den Vokallaut
vor dem B länger.

Nehmen wir das Wort "job" als Beispiel. Halten Sie den Laut des
Buchstabens O länger. Sagen Sie "Jo—b." "Jo—b."

Nun /B/ mit B am Ende:
   absorb, adverb, barb. Haben wir den Vokallaut vor
   dem B länger gehalten? Ja? Gut so! Halten wir den
   Vokallaut länger. Bathtub, blob, Bob, bulb cab, club,
   herb, hub, Jacob, job, knob, lab, rib, Rob, scrub,
   superb, swab, tab, web

Üben wir /B/ nun im Satz.

1. Bag the bagels the baker baked then bring a blank check to the bank.
2. Base on the batch of basil in the basket, it's better to bathe the beans on the beach.
3. I believe your belief is the best. Would you like to beat the drum with balloons?
4. Below the bell peppers are blackberries. Bring big Billy and beautiful Betty to play *Beauty and the Beast.*
5. A bluebird is eating bread. A buffalo is chewing broccoli. Bring your buddy. Let's party.
6. An abacus has the ability to build up numbers. Abigail is able to use the abacus to make money.
7. Welcome aboard. We're about to brush these abrasive stones.
8. Being absent is absolutely acceptable because they're about to divide the money from the table.
9. The baboon is having a baby. Barbara, would you sing her a lullaby and get ready a party?
10. The database is elaborated here. Let's get into a habit of celebrating with a rabbit.
11. Bob likes to absorb adverbs in the bathtub and does a better job than in the lab.
12. Barbara and Bob bought some light bulbs and took the cab to the lab.
13. Jacob has a hub, a job, and a doorknob. He exchanged all of them for a superb swab.

Hören wir uns jetzt das P an, den /P/ Laut.

Lamp, paint, palm, Paul, peel, person, people, piano, pie, pool, pot, pull, push, python, wasp

Wenn /P/ am Anfang oder am Ende eines Wortes ist, schließen wir unsere Lippen, bauen in unserem Mund Druck auf und öffnen schnell unsere Lippen um den Druck heraus zu lassen. Wir öffnen unsere Lippen indem wir unsere Oberlippe nach außen drücken. Ja. Öffnen Sie Ihre Lippen indem Sie sie mit der Luft aus Ihrem Mund nach außen drücken. Der Druck wir einen Luftstoß nach draußen produzieren. Halten Sie ein Stück Papier vor Ihren Mund wenn Sie /P/ aussprechen. Der Luftstoß wird das Blatt Papier in Bewegung versetzen.

Versuchen wir es nochmals. /P/, /P/, /P/.

Obwohl der Luftdruck das Papier bewegt ist /P/ kein betonter Konsonant. Legen Sie Ihre andere Hand an Ihren Hals. Es sollte keine Vibration dort entstehen.

Jetzt üben wir das /P/.

1. /P/ mit P am Anfang:
Pace, pad, page, paid, pale, peace, perch, pile, pigeon, pillow, pilot, pioneer, pipeline, pocket, poem, podcast, pointer, popular, portrait, positive, post, powerful, praise, pressure, price, principle, printer, priority, privacy, procedure, produce, product, productivity, professional, professor, program, promise, promotion, proofread, protein, protocol, proud, public, pumpkin, punctuation, pure, push, pyramid.

2. P, /P/ am Wortende. Wenn /P/ am Ende eines Wortes ist, ist es in Ordnung das /P/ mit oder ohne Luftstoß zu betonen.
Asleep, backup, barbershop, buildup, bump, camp, cap, cheap, clap, clip, cleanup, creep, crop, cup, dealership, deep, desktop,

develop, drop, dump, fingertip, grip, help, hiccup, hilltop, jump, keep, ketchup, laptop, leadership, lollipop, loop, ownership, Quickstep, relationship, sheep, ship, soap, swap, sweep, trap, trip, top, up, wrap

3. Wenn P, /P/ in der Wortmitte ist. Wenn /P/ in der Mitte eines Wortes ist, schließen wir unsere Lippen vor dem /P/, öffnen sie dann schnell und stellen rasch eine Verbindung zum nächsten Teil des Wortes her. Der Luftstoß wird stark bis fast auf Null reduziert. Sehen wir uns das folgende Wort an.

Spring

Sprechen Sie /SP/ aus indem Sie den Luftstoß auf /P/ konzentrieren. Sagen Sie /S/ und halten Sie den /S/ Laut auf diese Weise beim Buchstaben P an: /SP/, /SP/, /SP/. Stellen Sie dann schnell eine Verbindung zum Buchstaben R her. /SPR/, /SPR/, /SPR/. SPRing.

Der /P/ Laut in SPRing unterscheidet sich noch immer vom Buchstaben B, vom /B/ Laut. SPRing ist nicht gleich SBRing. Es gibt keine Vibration beim Buchstaben P.

Probieren wir es jetzt mit dem /P/, dem P in der Mitte:
Alpine, amplify, appear, appetizer, apple, application, appointment, appreciate, appropriate, approve, capability, capital, captain, caterpillar, competition, compress, copyright, display, employ, empower, episode, expand, experience, expert, expire, explain, express, happen, happy, helpful, hippo, leopard, maple, opportunities, opposite, outperform, spring

Üben Sie jetzt P, /P/ in Sätzen.

1. Place the pads piece by piece and page by page until the peace pigeons perch.
2. Pioneer this pipeline project, pal, or put a pillow in the pilot's pocket.
3. Post party pictures on a PowerPoint presentation for the poem podcast then ponder the procedure.
4. Print the popular portrait with positive praises and post powerful promises to give away pumpkins.
5. Praise the professor for her principle when she's under pressure for producing a privacy program.
6. Put the printer price like a pyramid then proofread it.
7. Be proud of your professionalism in the public and put protein in pumpkins in private.
8. Backup when the sheep are asleep, then go to the barbershop and clap.
9. Bump the camp with party balloons then cap the cup deep.
10. Your desktop needs a cleanup. Go to the dealership to get a mop then creep up the hilltop until you hiccup.
11. Develop this crop then drop your laptop.
12. keep the ketchup and swap the lollipop.
13. Grip with your fingers and sweep with your fingertip to show your leadership.
14. Go to the Alpines to amplify your appearance then eat an apple for appetizer.
15. Make an appointment for your application and appreciate the competition.
16. Approve the capability of the caterpillar then employ its power.
17. The captain uses capital letters to compress the copyright display and empowers an expert to write the next episode.
18. Expect to expand your experience by explaining the express map.
19. Helpful hippos and leopards happen to be happy about their opportunities.

Vergleichen wir mal das B, /B/ und das P, /P/.

Back, pack
bush, push
cab, cap

Trainieren wir unsere Ohren darauf, den kleinen
Unterschied wahrzunehmen.

1. Betont und unbetont.
   /B/, /P/. /B/, /P/.
2. Längere und kürzere Vokallängen.

Wenn Sie ein Wort mit /B/ aussprechen, halten Sie den
Vokal nicht so lange.

Im Wort "cap" ist die Vokallänge kurz. Cap. Im Wort "cab"
wird das B, /B/ betont, die Vokallänge ist länger. Cab.
Versuchen Sie es nochmals.

Cap, cab
Cap, cab
Cap, cab

Und jetzt wird geübt.

Back, pack
Bay, pay,
Bass, pace
Batch, patch
beach, peach
bell, pell
berry, Perry
best, pest
bike, pike
big, pig
bin, pin
bush, push

Es ist an der Zeit, sie zu üben, wenn sie sich am Wortende
befinden. Nochmal zur Erinnerung, bei den /B/ Lauten

halten Sie die Vokallänge länger.
Cap, cab
carp, carb
hop, hub
lap, lab
rip, rib
swap, swab
tap, tab

Üben wir nun /P/ und /B/ im gleichen Satz.

1. Bring a backpack to the bay to pay.
2. Base on our pace, we can bring a batch of patch to Peach Beach.
3. Let Perry plow the garden until the berries are buried.
4. Use our bike's pike as the best pest control if we want to lose our big pig.
5. Put the pin in the bin then push the bush.
6. Wear your cap in the cab and call Bob to rub his rabbit.
7. If your hub can hop, put it on your lap and bring it to the lab.
8. Turn on the lamp for your lamb so it won't rip its rib. (The B in lamb is silent)
9. Swap the swab then tap the tab.

Kapitel 26: Die D, /D/ und die T, /T/ Laute

Hören wir uns das D, den /D/ Laut erstmal an.

Dad, daily, dandelion, day, deal, dice, diagram, document, dune, found, good, mode, proud

Um /D/ zu betonen öffnen wir leicht unsere Lippen und pressen unsere Zungenspitze gegen unsere Zähne und unseren Gaumen. Lassen Sie den Druck frei um den /D/ Laut zu erzeugen. Es sollte sich so anfühlen, als ob wir beinahe den Buchstaben N sagen mit der Ausnahme dass unseren Gaumen freigeben um den /D/ Laut zu produzieren.

Legen Sie eine Hand an den Hals um die Vibration zu spüren. /D/. /D/. /D/. Ja, /D/ ist ein betonter Konsonant. Fühlen Sie die Vibration. /D/. /D/. /D/.

Üben wir das /D/:

1. Wenn /D/ am Wortanfang ist.
    Daisy, data, December, deep, deer, deliver, dessert, diamond, dinner, dip, direction, disk, do, dock, duck, done, donkey, dusk, duty, dweller

2. Wenn /D/ in der Wortmitte ist.
    Adapt, adult, audio, edge, edit, idea, identify, index, jade, lander, middle, modern, order, podium, window

3. Wenn /D/ am Wortende ist.
    Genau wie beim Buchstaben B, /B/ ist D, /D/ ebenfalls ein betonter Konsonant. Wenn sich D, /D/ am Ende eines Wortes befindet, müssen wir noch eine Sache extra beachten - halten Sie den Vokallaut vor dem D länger.

Ich betone es nochmals - halten Sie den Vokallaut vor dem D länger.

Nehmen wir das Wort "food" als Beispiel her. Halten Sie den Laut der Buchstaben OO länger. Sagen Sie "foo—d." "foo—d."

Wenn das D, /D/ nun am Ende eines Wortes ist.

Add, avoid, bird. Haben wir den Vokallaut länger vor dem D gehalten? Ja? Sehr gut! Halten wir die Vokallaute länger. Blend, build, celebrated, could, dated, excited, extend, eyelid, find, ground, hood, kid, land, mend, need, odd, proud, red, round, solid, Ted, wanted, wind

Jetzt wird das D, /D/ in ganzen Sätzen geübt.

1. Deer eat daisies in December then sleep in the deep forest.
2. Deliver a dessert in the desert and do a Donkey Dance.
3. Dine at Diner for dinner and pay the dinner with dimes.
4. Dim the lights at dusk and dance until dawn.
5. Adjust to the speed of sound then listen to the recordings of hounds.
6. The recording of the audio is done. That's it for today. Let's go to lunch.
7. Can you identify diamonds and jades? They look identical to me.
8. Edit the index in the middle of the window then order a modern pillow.
9. Add a podium in the middle of the stadium to build up the crowd. Avoid birds flying around.
10. Celebrated with orange smoothies on hand, the students were excited to get a diploma again.
11. Extend your hand to a new friend. Find a common ground to sit down.
12. Land on the red planet to study the land. There are strong winds there and the atmosphere is not dense.

Fühlen wir jetzt das T, den /T/ Laut.

Ate, best, chat, dent, elite, fast, get, take, talk, taught, tilt, tutor, type.

Um das /T/ zu betonen öffnen wir leicht unsere Lippen und drücken unsere Zungenspitze gegen unsere Zähne um Spannung aufzubauen. Lockern Sie die Spannung um den Laut zu erzeugen. /T/. /T/. /T/.

/T/ ist einer der unbetonten Laute. Legen Sie jetzt Ihre Hand an Ihren Hals. Können Sie Vibration spüren, wenn Sie /T/ sagen? Die Stimmbänder vibrieren überhaupt nicht. Es sollte absolut keine Vibration geben. Üben Sie weiter bis es klappt. /T/, /T/, /T/.

Üben wir jetzt /T/.

1. Wenn /T/ am Anfang steht:: Tablet, tackle, tag, tail, take, tall, tango, tea, technology, tell, temperature, tennis, terrific, test, text, ticket, tide, Tiffany, tiger, tight, tilt, time, tip, tissue, twinkle, toad, token, Tommy, took, torch, tough, tube, tunnel, turn, typhoon
2. Wenn /T/ am Ende steht: appointment, at, attract, copyright, attempt, default, decent, dessert, detect, detergent, expect, fast, fruit, hat, intact, intelligent, interest, invent, it, kit, light, might, paint, put, request, rest, sit, talent

Wenn /T/ in der Mitte eines Wortes steht, halten Sie den Druck auf dem Buchstaben T und lassen ihn dann ab und stellen Sie schnell die Verbindung zum nächsten Wortteil her. Schauen wir uns das folgende Wort an.

Step

Sagen Sie /ST/ indem Sie den Druck auf dem /T/ halten. Sagen

Sie /S/ und stoppen Sie den /S/ Laut beim Buchstaben T auf diese Art: /ST/, /ST/, /ST/. Stellen Sie dann schnell die Verbindung zum Buchstaben E her. /STep/, /STep/, /STep/.

Der /T/ Laut ist ein wenig anders als der /D/ Laut. STep ist nicht gleich SDep. Der Buchstabe T ist vibrationsfrei.

3. Üben wir jetzt das /T/ wenn es in der Wortmitte ist: Atmosphere, attach, attend, attitude, automatic, capital, captain, caterpillar, competition, detail, extension, gatekeeper, intention, integrity, internal, international, interesting, inventor, outperform, outstanding, stamp, steep, stick, student

Üben wir /T/ nun in Sätzen.

1. Tap on the tablet to tackle the task.
2. Technology makes taking tests terrific. Students send texts while taking tests.
3. Today's temperature is perfect to play tennis. Tie your tiger while playing tennis with your brother.
4. Tommy has two tokens. Tammy has two tickets. Bring a torch and let's catch some crickets.
5. Time to turn right into the tunnel and watch the tornado.
6. At an attempt to attract a decent expert, bring some dessert.
7. To detect the detergent, wear a helmet. Expect a fast result, switch to a hat.
8. Building up his interest to invent an intelligent kit, Ted went to the desert and built a fire pit.
9. To wet your bed, go to the left. To tie your tie, go the right.
10. Sit on the beach and light up a light then harness your talent through the night.
11. In its tight atmosphere, Venus welcomes competition.
12. To attend the party bring a tent. Kids like to count to ten.
13. With a tough attitude in extent, bring more capital to spend.
14. The Captain Caterpillar Competition goes automatic. Invite a guest to take a peek.
15. Integrity is an outstanding character. Persistent inventors are welcome to drink water.

Vergleichen wir D, /D/ und T, /T/.

Als erstes vergleichen wir sie, wenn D und T am Anfang oder in der Mitte eines Wortes sind.

dab, tab
dag, tag
deer, tear
dense, tense
dime, time
dip, tip
do, to
dock, tock
done, ton
dune, tune
dusk, tusk

Nun üben wir die Sätze, in denen D und T am Wortende sind. Die Unterschiede sehen wie folgt aus:

1. Vibration. Keine Vibration.
2. Längere Vokallänge. Kürzere Vokallänge.

Versuchen wir es einmal.
ad, at
bid, bit,
build, built

Wenn wir Wörter mit D, /D/ betonen, halten wir den Vokal länger.

Nochmals, fühlen Sie die Vibration für D, die /D/ Laute und halten Sie die Vokallänge länger.

ad, at
bid, bit,
build, built
extend, extent

feed, feet
hid, hit
kid, kit
lid, lit
ladder, latter
mid, Mitt
nod, not
pod, pot
rod, rot
wed, wet

Sehen wir uns das jetzt Folgende an. Schauen wir mal, ob wir einen Unterschied zwischen den Endlauten feststellen können.

cabbed, capped
served, surfed
bagged, backed

Dies sind drei Paare die alle unterschiedliche Endlaute haben. Das erste Wortpaar hat das D, /D/ als Endlaut. Das zweite Wortpaar hat das T, /T/ als Endlaut.

Erinnern Sie sich noch an die unbetonten Konsonanten? Hier sind sie nochmals aufgelistet: /CH/, /F/, /H/, /K/, /P/, /S/, /SH/, /T/, /TH/. Wenn diese unbetonten Konsonanten vor einer ED Endung sind, dann hat das ED ein T, einen /T/ Laut. Anders als vor diesen unbetonten Konsonanten werden ED Endungen vor betonten Konsonanten zu D, dem /D/ Laut.

Hören wir uns die drei noch einmal an!

cabbed, capped
served, surfed
bagged, backed

Haben wir das verstanden? Ja? Sehr gut! Fahren wir fort.

bobbed, bopped
ribbed, ripped
tabbed, tapped
carved, scarfed
proved, proofed
waived, waifed
bugged, bucked
chugged, chucked
clogged, clocked
logged, locked
sagged, sacked

101

slagged, slacked

Gute Arbeit! Wir haben es fast geschafft. Sehen Sie sich nun diese beiden Wortpaare an.

braised, braced
closed, crossed

Bitte beachten Sie, dass in braised und closed ein S vor dem ED ist. Das S in diesen Wörtern wird als Z, /Z/ betont. Auf dem /Z/ gibt es Vibration. Daher wird das ED in diesen Wörtern als D, dem /D/ Laut betont. Wenn jedoch ein Verb mit einem doppelten S endet, wird dieses als S, /S/ betont. Daher wird das ED als T, /T/ betont. Ebenso in BRACED, CE wird als S, /S/ betont und deshalb wird das ED auch als T, /T/ betont.

Hören wir es uns ein weiteres Mal an!

braised, braced
closed, crossed

Hier kommt die Fortsetzung.

cruised
eased
discussed
guessed
passed
processed

Nun gibt es noch eine Runde bevor wir zum Einfachsten kommen. Wörter mit CH, /CH/ und SH, /SH/ Lauten.

Approached
bleached
cached

crunched
watched
accomplished
finished
polished
pushed
washed

Rufen Sie sich die unbetonten Konsonanten ins Gedächtnis. CH, /CH/ und SH, /SH/ gehören dazu. Wenn diese unbetonten Konsonanten vor einer ED Endung sind, dann hat ED das T, den /T/ Laut.

Das ist einfach. Perfektionieren wir sie jetzt. Was sollen wir machen? Mir nachsprechen! Jedes Mal! Das komplette Buch! Wiederholen Sie auch meine Instruktionen.
Ready, steady, spaghetti, Go!

Approached
bleached
cached
crunched
watched
accomplished
finished
polished
pushed
washed

Jetzt kommt das Leichteste:

Attended, loaded, printed, vented

Für diese Wörter die auf D oder T enden fügen wir einen zusätzlichen Vokallaut am Ende hinzu. Ansonsten würden sie wie "attend'd, load'd, print't" usw. klingen. Was machen wir? Einen extra Vokallaut am Wortende hinzufügen. Es gibt noch weitere. Machen wir uns an die Arbeit.

Added
concluded
divided
exceeded
melted
painted
tilted
vented

Erinnern Sie sich an die unbetonten Konsonanten? T, /T/ ist
einer der unbetonten Konsonanten. Wenn diese unbetonten
Konsonanten vor einer ED Endung sind, dann hat ED den
T, /T/ Laut. Wie sieht es mit D, /D/ aus? D, /D/ Ist betont,
daher müssen die ED Endungen nach D, /D/ auch ein D,
/D/ Laut sein.

Hören wir es uns ein weiteres Mal an.

Added
concluded
divided
exceeded
melted
painted
tilted
vented

Hurra! Wir haben es geschafft!

Kapitel 27: Die F, /F/, die V, /V/, und die W, /W/ Laute

Hören wir uns den /F/ Laut erst einmal an.

Face, fact, fly, fierce, fifteen, fruit, fun, itself

Wir betonen den /F/ Laut indem unsere Unterlippe leicht mit unseren oberen Zähnen berühren, diese Stellung halten und die Luft langsam zwischen unseren Zahnlücken ausströmen lassen.

Nun fragen wir uns: Ist /F/ betont oder unbetont?

Korrekt! Es ist unbetont. Der /F/ Laut kann aus den Buchstaben F und PH sein. Üben wir nun /F/:

1. Wenn /F/ am Wortanfang ist.
   Fable, faded, fare, feel, feed, feast, find, flight, flounder, flower, focus, food, found, Frank, frost, full, fun, Philadelphia, Philips, physics, physician,
2. Wenn /F/ in der Wortmitte ist.
   Alpha, buffalo, beautiful, different, fifteen, fluffy, gift, left, loft, office, raft, reference, safe, sofa, Sophia, traffic, wafer, waffle, wife, wonderful
3. Wenn /F/ am Wortende ist.
   Behalf, belief, chief, cliff, golf, half, herself, laugh, liftoff, payoff, proof, scarf, sniff, staff, stuff, wolf

Üben wir /F/ nun in Sätzen.

1. Anderson's fables haven't faded with time. Pay a fare to bring a pair.
2. Feed this beast a feast before finding it a flight or a kite.
3. Is it a flounder or a flower? You can find out if you focus on the formula.
4. Frank is full of fun. Phil is full at lunch.
5. When the alpha buffalo arrived, the fifteen different chiefs laughed.
6. Bring this fluffy gift to the office, and take the raft home.
7. To help Sophia become a terrific wife, bring her flowers and waffles.
8. Refresh my memory, tell me a brief story.
9. Half of the staff went to California. The other half stayed to prepare for other stuff.

Hören wir uns jetzt das V an, den /V/ Laut.

Above, achieve, believe, carve, hover, positive, very, victory

Um V, /V/ zu betonen berühren wir unsere Unterlippe leicht mit unseren oberen Zähnen, halten diese Position und drücken sanft die Luft <u>mit Vibration</u> nach außen.

Hört sich V, der /V/ Laut genauso an wie F, der /F/ Laut? Hören Sie nochmal genau hin.
/V/, /F/.
/V/, /F/.

Sie klingen fast gleich sind aber doch unterschiedlich.

Für das V, /V/ legen Sie wieder eine Hand an den Hals um die Vibration spüren zu können. Es vibriert nur ein wenig, aber Sie müssen in der Lage sein, es zu spüren.
/V/
/V/
/V/
Versuchen Sie es immer wieder bis Sie die schwache Vibration fühlen können. /V/. /V/. /V/.

Für F, /F/ lassen Sie einfach nur die Luft raus. Für V, /V/ verwenden Sie Ihre Bauchmuskulatur um der Luft nach draußen zu helfen. Spannen Sie Ihren Bauch an und drücken Sie die Luft mit Vibration nach oben. /V/. /V/. /V/.

Üben wir jetzt das V, den /V/ Laut:

1. Wenn V, /V/ am Wortanfang ist.
    Vacation, vacuum, valid, value, vapor, vast, vein, vendor, ventilation, very, Victoria, video, view, voiced, volleyball, volume, vowel, voyage,

2. Wenn V, /V/ in der Wortmitte ist.
    Advantage, civilization, cover, development, driver,

envelope, given, lava, level, movie, navigator, novel, November, pivotal, review, river, seventeen, travel

3. Wenn V, /V/ am Wortende ist.

Abrasive
achieve
alternative
positive

Wenn sich V, /V/ am Wortende befindet, müssen wir noch eine Sache mehr beachten - den Vokallaut vor dem V länger anzuhalten.

Nehmen wir das Wort "achieve" als Beispiel. Halten Sie den Laut der Buchstaben IE länger. Sagen Sie "achie—v." "achie—v."

3. Wenn V, /V/ am Wortende ist:

Abrasive, achieve, alternative, attractive, believe, cave, conducive, creative, decisive, five, live, productive, shave, twelve, wave

Nun üben wir V, /V/ in kompletten Sätzen.

1. Take a vacation, visit the Vatican. Take an eating tour, go to Vancouver.
2. To voyage through the vacuum of space, a valid vendor's verification is valuable.
3. Turn up the volume very high if you want to hear the voiceless consonants and the voice of grapevines.
4. Scientists believe advanced civilizations had developed on vast regions of Earth in the past.
5. Lava has covered the river. Feel free to drive across in November.
6. Very successful people do three things – they eat, they breathe, and they achieve.
7. To be creative, be decisive.
8. Live in caves to be productive. What an alternative!
9. Wave at twelve then shave at five. He's investing in a new life.

Vergleichen wir den /F/ Laut mit dem /V/ Laut.

fan, van
favor, vapor
fast, vast
fender, vendor
ferry, very
few, view
fine, vine

Bitte sehen Sie sich diese drei Wortpaare an.

Belief, believe
life, live
proof, prove

Es gibt zwei Unterschiede bei diesen drei Wortpaaren.
1. Betont und unbetont.
2. Längere und kürzere Vokallängen.

V, /V/ ist betont. Wenn Sie Wörter mit V, /V/ aussprechen, halten Sie die Vokallänge länger.

Versuchen wir es nochmals!
Belief, believe
Fife, five
half, have
leaf, leave
life, live
proof, prove

Hören wir uns das W an, den /W/ Laut.

Always, anywhere, awake, biweekly, rewind, swan, swim, twelve, was, wet, window, work

Zuerst hören wir das W, den /W/ Laut und dann das V, den /V/ Laut.
/W/, /V/.
/W/, /V/.

Klingt /W/ genauso wie /V/? Der /W/ Laut ist ein gänzlich anderer als der /V/ Laut. Versuchen wir es auf die richtige Art.

Um W, den /W/ Laut zu betonen runden wir unsere Lippen leicht ab, spannen unsere Bauchmuskeln an um die Luft rauszudrücken und fügen Vibration hinzu. /W/. /W/. Unsere Lippen sind rund und nach vorne gespitzt während unsere <u>Zähne von unseren Lippen entfernt</u> sind.

Legen Sie wieder eine Hand an den Hals um die Vibration spüren zu können. Halten Sie sich ein Stück Papier vor den Mund um sichtbar zu machen, wie Luft ausströmt. /W/. /W/. Der ausströmende Luftschwall sollte stark genug sein, um das Papier zu bewegen.

Für F, /F/ berühren unsere oberen Zähne unsere Unterlippe und wir lassen langsam die Luft zwischen unseren Zahnlücken ausströmen. /F/. Für V, /V/ berührt unsere Unterlippe erneut unsere oberen Schneidezähne, vibriert und unsere Bauchmuskeln spannen sich an um die Luft nach oben und zwischen unseren Zahnlücken nach außen zu pressen. /V/. /V/. Für W, /W/ spannen wir ebenso unsere Bauchmuskulatur an um die Luft nach oben zu drücken. Unsere Lippen sind abgerundet und nach vorne gespitzt. /W/. /W/.

Üben wir das W, den /W/ Laut:

111

1. Wenn sich das W, /W/ am Anfang eines Wortes befindet.
   Wagon, walk, wallpaper, want, water, wave, went,
   wheel, whistle, wilderness, windmill, within, why,
   whisper, wonderful, workshop, woodchuck

2. Wenn das W, /W/ in der Mitte eines Wortes ist.
   always, awaken, award, awhile, between,
   dishwasher, likewise, overwhelming, password,
   runway, swab, swallow, swamp, swear, sweet,
   sweeper, swerve, swipe, switch, swim, tweak, twelve,
   twilight, twin

3. Wenn sich das W, /W/ am Ende eines Wortes befindet.
   Wenn W am Wortende steht wird das W zu einem
   Teil des Vokals. Hier ist ein gutes Beispiel, im Wort
   pillow ist das W ein Teil des /OH/ Lautes.

Üben wir jetzt das W, den /W/ Laut in ganzen Sätzen.

1. Walk to the wagon then ride to the water or pull the wagon and walk to the water.
2. Whistling in the wilderness will scare the shrew. Whispering in the workshop and no one will hear you.
3. The awakened gets the reward. The sleeping barely gets any water.
4. Do you want to see a swan swimming in the swamp or a swallow sweeping pass the willow?
5. Always wake up the sweepers at twilight and then swallow a sweet potato.
6. Swipe a tiger you'd better hide. Tigers are sized to fight worldwide.

Vergleichen wir jetzt W, /W/ mit V, /V/.

wallet, valid

wan, van

Wayne, vein

ways, vase

went, vent

wary, vary

whale, vail

wheel, veal

wine, vine

while, vial

wiper, viper

wise, vice

wiser, visor

word, verb

wow, vow

What is he driving? A wan or a van?

He is driving a van.

Kapitel 28: Die G, /G/ und die K, /K/ Laute

Hören wir uns das G, den /G/ Laut an.

Agree, begin, big, dragonfly, gap, get, gift, good, glider, gold, magnet, Oregon, zigzag

Um G, /G/ zu betonen öffnen wir leicht unsere Lippen, drücken den hinteren Teil unserer Zunge nach oben gegen unseren Gaumen und lassen dann locker um den Laut zu erzeugen. /G/. Legen Sie eine Ihrer Hände an den Hals um die Vibration zu spüren.

Üben wir jetzt das G, den /G/ Laut:

1. G, /G/ am Wortanfang:
    Gain, girl, glad, gallon, garlic, gaze, gear, gigabyte, glance, glove, glow, gorilla, gap, grass, gravity, great, green, guitar

2. G, /G/ in der Wortmitte:
    Again, ago, agree, alligator, cargo, eager, egg, elegant, figure, giggle, Google, igloo, ignite, ignore, juggle, logo, magnify, sugar, tiger, toggle, trigger

3. G, /G/ am Wortende:
    bag
    big
    brag

Wenn G, /G/ sich am Wortende befindet, müssen wir noch eines zusätzlich tun - den Vokal vor dem G länger halten.

Nochmals, halten Sie den Vokallaut vor dem G länger.

Nehmen wir das Wort "bag" als Beispiel. Halten Sie den Laut des Buchstabens A länger. Sagen Sie "ba—g." "ba—g."

115

Und nun ist G, /G/ am Wortende:

> bag, big, brag, bug, catalog, clog, dialog, dog, drag, egg,
> fig, firebug, flag, frog, hedgehog, iceberg, leapfrog, leg,
> plug, polliwog, prologue, stag, tag, twig, zigzag

Es ist wieder soweit: Üben wir G, /G/ im Satz.

1. The girl grabbed a guitar then played to a gorilla.
2. To lead our horse to green grass, stay away from the glacier.
3. Who runs faster, a gopher or a grasshopper?
4. What a wonder! A tiger racing an alligator.
5. An eagle flew over the jungle a minute ago. Did you get any photos?
6. Bag this big bug and put it in the backpack. Release the big bug to see if our dog will clap.
7. Is it a leapfrog or a polliwog on the catalog?
8. The frog, the dog, and the hog, jumped into the water to fetch the log.

Widmen wir uns jetzt dem K, /K/ Laut. Hören Sie zu.

Ask, bake, book, buckle, chalk, keep, key, kindle, kite, like, maker, mark, package, rock

Um das K, den /K/ Laut zu betonen öffnen wir leicht unsere Lippen und drücken den hinteren Teil unserer Zunge gegen unseren Gaumen und lassen dann ruckartig locker um die Luft ausströmen zu lassen. Legen Sie eine Hand an Ihren Hals. /K/ ist ein unbetonter Laut. Es gibt keine Vibration.

Der /K/ Laut kann aus den Buchstaben K, C und QU geformt werden.

1. /K/ befindet sich am Wortanfang.
    khaki, kangaroo, kayak, keel, keen, keep, keepsake, ketchup, keyboard, kickoff, kick-start, kid, kilogram, kilometer, kind, kinetic, king, kit, kitchen, kite, kiwi

2. Der Buchstabe C wird als /K/ betont wenn er vor den Buchstaben A, U, L, R, und T ist.
    cab, cable, call, camera, canal, candy, captain, car, careful, carpet, carrot, catch, class, clean, climb, clue, coach, color, comfortable, craft, crew, culture, customer, cute, exact

3. /K/ befindet sich in der Wortmitte.
    ankle, accomplish, account, accurate, action, awaken, baker, echo, hiker, hockey, liken, likewise, maker, poker, scarf, scatter, school, scoop, skate, ski, skill, skim, skip, skirt, sky, sprinkle, token, walker

4. /K/ befindet sich am Wortende.
    arc, automatic, basic, civic, classic, disc, generic, italic, kinetic, logic, magic, magnetic, music, organic, Pacific, public, terrific topic, ask, book, click, clock, desk, duck, elk, hammock, look, neck, speak, talk, thank, think, track

5. Die Buchstaben QU werden als /K/, manchmal aber auch als /KW/ betont.

> equipment, liquid, mosquito, quack, quad, quadrant, quadruple, quake, quality, quarter, queue, queen, quick, quiet, quilts, quite, quiz, quote, request, require, sequence, squash, squeeze, squirrel

Jetzt üben wir /K/ im Satz.

1. Have you seen a khaki kangaroo kayaking a kilometer?
2. Keep the keyboard as a keepsake and kick the ketchup as a kick-start.
3. Was it a car or a cat I saw?
4. Call a cab and pay with candy then give the driver cash.
5. Catch the carrot with a carpet. If you have no clue on how, bow.
6. Acknowledged. Take actions to accomplish.
7. This account is accurate. Wake up the baker and the hiker to play poker.
8. Students scatter at school to play scooter.
9. The basic disc is automatic.
10. This magic is basic logic. Put on music to show the public.
11. Ask a book for an answer and you can wait for the clock to tick.
12. Teach a duck to use the hammock and you can expect to hear it quack.
13. Mosquitoes drink liquid. Quails and ducks walk.
14. Quality or quantity, which did you pick? The sun is more significant than a million stars.

Vergleichen wir /G/ und /K/.

gap, cap
gable, cable
glass, class
glean, clean
glue, clue

Nun werfen Sie einen Blick auf diese drei Wortpaare.

Bag, back
plug, pluck
tag, tack

Es gibt zwei Unterschiede.
1. Betont und unbetont.
2. Längere und kürzere Vokallängen.

/G/ ist betont. Wenn wir Wörter mit /G/ betonen halten wir die Vokallänge länger. Machen wir jetzt alles richtig.

clog, clock
bag, back
beg, beck
big, Bick
bug, buck
dog, dock
dug, duck
flag, flack
plug, pluck
rag, rack
stag, stack
tag, tack

Schauen wir uns jetzt diese Wörter an:
accomplish, account, economy, incorporated,

Die Silben mit den /K/ Lauten sind in diesen Wörtern betont. Diese werden mit höherer Stimmlage als die restlichen Silben betont. Hören wir sie uns nochmals an.

accomplish, accounT, economy, incorporated,

Der Buchstabe C, der /K/ Laut in diesen Wörtern, hat den ganz normalen /K/ Laut.

Sehen wir uns die folgenden Worte an:
ankle, accurate, awaken

In diesen Wörtern jedoch sind die Silben mit den /K/ Lauten nicht betont. Einige andere Silben werden mit höherer Stimmlage betont als die Silben mit dem /K/ Laut.

Hören wir es uns ein weiteres Mal an.
ankle, accurate, awaken

Halten Sie den Druck in diesen Wörtern auf dem /K/ Laut, lassen Sie den Druck dann abschwächen und verbinden Sie rasch zum nächsten Wortteil. Nehmen wir das folgende Wort als Beispiel.

Skip

Sagen Sie /SK/ indem Sie den Druck auf /K/ halten. Sagen Sie /S/ und stoppen Sie den /S/ Laut beim Buchstaben K auf diese Art: /SK/, /SK/, /SK/. Machen Sie dann eine schnelle Verbindung zum Buchstaben i. /SKip/, /SKip/, /SKip/.

Der /K/ Laut in SKip ist anders als der /G/ Laut. SKip ist nicht gleich SGip. Beim Buchstaben K gibt es keine Vibration. Versuchen wir es..

baker, diskette, echo, gasket, hiker, hockey, husky,
liken, duckling, kickoff, risky, sprinkle, whisker,

Kapitel 29: Der H, /H/ Laut

Hören wir uns den /H/ Laut an.

ha, ahead, anthill, handle, happy, harvest, have, hummingbird

Um /H/ zu betonen wärmen wir unsere Hände an. Wenn im Winter unsere Hände kalt sind, pusten wir warme Luft auf sie um sie aufzuwärmen. /H/ Doch dieses Mal wärmen wir unsere Hände nur leicht. /H/. Das ist alles.

Wird /H/ betont oder nicht? Legen Sie eine Hand an Ihren Hals um zu prüfen, ob man Vibration spüren kann. Wenn Sie keine Vibration spüren haben Sie alles richtig gemacht.

/H/ ist unbetont. Üben wir /H/ ein wenig:

> ha, hair, hand, hawk, hike, hill, hobby, harmony, helpful, hello, hollow, humor, Harry, habit, hammer, hidden, hockey, hoist, ahead, behold, behalf, behavior, behind, coherent, rehearse, uphill, vehicle

Nun möchte ich /H/ mit Ihnen im Satz üben.

1. Hello, Harry. What's your hobby?
2. Will you be happy to see humanity living in harmony?
3. Which is more helpful, changing a habit or hiking a mountain?
4. Which is easier, changing a habit or moving a mountain?

Kapitel 30: Die L, /L/ und die R, /R/ Laute

Hören Sie sich das L, den /L/ Laut erst einmal an.

label, landmark, laughter, lily, license, logical, believe, dollar, elongated, fulfill, helpful

Es gibt zwei Arten L, /L/ Laute zu betonen.
1. Wenn L, /L/ am Anfang oder in der Mitte eines Wortes ist.
2. Wenn L, /L/ sich am Wortende befindet.

Als erstes lernen wir L, den /L/ Laut wenn L am Anfang oder in der Mitte eines Wortes ist. Mit der Zungenspitze berühren wir unseren oberen Gaumen *und* unsere obere Zahnreihe und lösen sie dann um den Laut zu produzieren. /L/. /L/. Sagen Sie Lela. Dies ist die Stelle an der sich unsere Zunge befinden sollte.

Üben wir jetzt das L, /L/.

1. Wenn L am Wortanfang oder in der Wortmitte ist.
    lady, lagoon, lamp, landmark, laughter, lead, leave, led, leg, lift, light, lighthouse, lily, license, long, look, lotus, love, alignment, balloon, believe, beloved, below, Billy, challenger, college, color, dollar, elongated, enlarge, hello, hilarious, hollow, pilot, pillow, splendid, voiceless

Wenn L sich am Wortende befindet, berührt unsere Zungenspitze unseren Gaumen hinter unseren oberen Schneidezähne und wir halten sie dort. Halten Sie sie und halten Sie den /L/ Laut lange! Üben wir den L Laut jetzt.
    Well
    Well
    Well
    I feel well.

Haben Sie den L Laut lange gehalten? Machen wir es nochmal.

    Well
    Well
    Well
I feel well.

Und als nächstes üben wir den /L/ Laut am Wortende.
Denken Sie daran, halten Sie den /L/ Laut lange.
    call, channel, crawl, facial, feel, focal, formal, fulfill,
    full, hall, handful, helpful, howl, identical, jewel, label,
    logical, middle, normal, pencil, professional, school,
    several, social, squirrel, swivel, symbol, tell, thankful,
    tunnel, wall

Vergleichen wir die *extrem* ähnlichen Lauten mit und ohne L.

Das zweite Wort ist das Wort mit dem L Laut.

Boat, Bold
Coat, Colt
Doe, Dole

Haben Sie den /L/ Laut in dem zweiten Wort gehört? Bei den zweiten Wörtern achten wir darauf, unsere Zungespitze hochzuziehen um unseren Gaumen hinter unseren oberen Schneidezähnen zu berühren und die Zunge dort zu halten. Ein weiterer Versuch.

Boat, Bold
Coat, Colt
Doe, Dole
Due, Dual
Echo, Equal
Foe, Foal
Go, Goal
How, Howl
Joe, Joel
Mow, Mole
Row, Roll
Sow, Sole
Woe, Wool

Übung: L, /L/ in ganzen Sätzen.

1. Look at the ladies at the lagoon! Give them a pencil and a balloon.
2. This lamp is a landmark.
3. Laugh as light as you can!
4. Lead a horse to water and push its head to drink. No matter how strong we are, it's up to the horse to drink.
5. Is it a lotus or a waterlily? Ask Billy if you're silly.
6. What do you call these creepy-crawlies?
7. Feel the energy and fill the void. Focus on one point.
8. These two squirrels look identical. We should give them a label.
9. A candle is helpful. A lamp is thankful. Look! There are jewels on the table!

Hören wir uns das R, den /R/ Laut an.

alright, arrive, door, her, more, rather, read, red, real

Um den /R/ Laut richtig zu betonen rollen wir leicht unsere Zunge und heben sie an, bis sie fast den oberen Teil unseres Mundes berührt, dann ziehen wir sie zurück nach unten während wir die Luft rausdrücken um den Laut zu erzeugen. /R/. /R/. /R/.

Üben wir R, /R/.

1. Wenn R, /R/ am Wortanfang ist.

> Rabbit, racer, radio, raft, rail, railroad, rain, raisin, rare, read, real, receive, red, reference, referral, refund, renew, rental, repeat, return, review, rhythm, rim, risk, roar, roof, roommate, round, run

2. Wenn R, /R/ in der Wortmitte ist.

> Approach, area, around, array, arrive, brake, branch, breakfast, breeze, brief, bright, bring, camera, carrot, compress, crack, crawl, cricket, fresh, front, fruit, grade, grasshopper, interesting, praise, produce, product, proof, truck

3. Wenn R, /R/ am Ende eines Wortes ist. Wenn R, /R/ am Wortende ist, fügen Sie einen "ER" Laut hinzu.

> Advisor, alligator, before, better, biker, car, cheer, color, dear, finger, hair, harbor, honor, humor, silver, sugar, super, sure, tailor, Voyager, winner, wiper, wonder

Üben wir R, /R/ im ganzen Satz.

1. Is it a rabbit or a racer on the railroad?
2. Who's going to win the race between the turtle and the hare?
3. Traffic is very different than the traffic report.
4. That's because the traffic report you heard wasn't a real-time traffic report. It was yesterday's traffic report.
5. Renew our book rentals repeatedly and return them to receive a review.
6. To get our raffle tickets, raft in the rain while reading a real story.
7. Run our own risk. Roar at the tiger.
8. When approaching an area around a strange neighborhood, be sure to bring a camera and a carrot.
9. Alligators can be our advisor because alligators can use their fingers better.
10. Super! What an honor! Bring some sugar and some humor, and you're a winner.

Stellen wir den Vergleich zwischen L, /L/ Lauten und R, /R/ Lauten an.

led, red
lace, race
laser, racer
lane, rain
limb, rim
blink, brink
flesh, fresh
glass, grass
lamp, ramp
light, right
look, rook

Was ist die einzige Möglichkeit, die Betonung richtig hinzubekommen? Übung! Machen wir weiter!

all, or
ball, bar
call, car
deal, dear
eel, ear
feel, fear
hail, hair
heel, hear
label, labor
mall, mar
Neal, near
Paul, pour
shall, share
tall, tore

Kapitel 31: Die M, /M/, N, /N/, und NG, /ŋ/ Laute

Hören wir uns M, den /M/ Laut an.

Memory, most, mystery, semester, system, team, yam

Um /M/ zu betonen schließen wir unsere Lippen und lassen die Luft durch unsere Nase ausströmen. /M/. /M/. /M/.

Legen Sie eine Hand an den Hals. Alle /M/, /N/, und /ŋ/ Laute sind betont. Spüren Sie die Vibration.

Üben wir jetzt M, /M/:

1. Wenn M, /M/ sich am Wortanfang befindet.
   mace, machine, magazine, magic, magnet, magnify, mailbox, mammal, man, many, map, maple, Mars, mastermind, math, maybe, meditate, mentor, Mercury, milk, mirror, mud, muscle, must

2. Wenn M, /M/ sich in der Wortmitte befindet.
   Amazing, ambition, amount, amuse, camel, camera, comet, comfortable, amble, emphasize, empty, imbibe, immune, important, improve, optimistic, smart, smile, smooth, summer, tomato

3. Wenn M, /M/ sich am Wortende befindet.
   Aim, alarm, arm, broom, calcium, charm, claim, confirm, dim, film, gem, inform, rhythm, sum, swim, system, team, term, them, warm, worm

Üben wir M, /M/ jetzt im Satz.

1. Magnify! What's that on the twenty-mile high mountain on Mars? Can you identify?
2. Man! How many maple trees are there on the map? You can do the math.
3. What's on our face, mud or a mustache?
4. Do we make mistakes sometime in life?
5. What a dumb question. If we're a breathing human, we will make mistakes.
6. The camel's back looks comfortable. Especially with the extra humps of muscle.
7. Follow the rhythm, confirm, and watch a film.

Und nun hören wir uns das N, den /N/ Laut mal an.

Attend, interesting, native, natural, pan, typhoon, when

Wenn wir /N/ betonen wollen öffnen wir unsere Lippen aber heben unsere Zunge an zum Gaumen und pressen gleichzeitig unsere Zähne zusammen um den Luftfluss zu unterbinden. Obwohl unsere Lippen geöffnet sind, entflieht die Luft durch unsere Nase. /N/. /N/. /N/.

Übung: das N, /N/.
1. Wenn N, /N/ am Anfang eines Wortes steht.
    Name, nap, narrow, nation, natural, nature, navigate, need, negotiate, nerve, nest, network, news, next, nice, nickel, Nicole, noodle, normal, north, nose, notebook, notice, noun, novel, now, number, nutrition

2. Wenn N, /N/ in der Mitte eines Wortes steht.
    Ana, ancient, animal, antenna, ants, enclose, end, energy, engineer, enjoy, enormous, enroll, entrance, income, indeed, influence, ingredient, instead, intend, interesting, inventor, once, snack, snow, Tiffany, unit, unite

3. Wenn N, /N/ am Ende eines Wortes steht.
    Action, alien, balloon, begin, between, bin, born, brain, can, captain, children, clean, fan, foreign, Ken, lagoon, learn, lion, moon, ocean, often, oven, plane, pumpkin, ripen, soon, spoon, teen, win

Üben Sie jetzt N, /N/ in Sätzen.

1. Take a nap in nature and wake up at night. Eat some noodles then fly a kite.

2. Navigate through the woods to find the bird's nest. Use the North Stars to our best.

3. Ana is the anchor of the Ancient Animal's Channel.

4. Nicole pays with only nickels.

5. Nathan was writing a novel on a notebook when he noticed a fly that landed on his nose.

6. Ants use their antennae to communicate.

7. Engineers enjoy an enormous amount of energy at the entrance.

8. Guess what Ken likes and wants to ride on? A hot air balloon? Noooo. A plane? Noooo. It's a UFO!

9. Children take weird actions when they encounter aliens.

10. If our accent sounds foreign, practice in the ocean.

11. Clean our oven often if we want to take it to the moon.

Machen wir uns mit dem /ŋ/ Laut vertraut.

Along, anchor, belong, blanket, bring, flamingo, jingle, tango

Um /ŋ/ zu betonen öffnen wir unsere Lippen heben aber unsere Zunge mittig im Mund an ohne etwas zu berühren. Unser Mund ist geöffnet, nichts blockiert den Luftfluss, jedoch entflieht sämtliche Luft über die Nase. /ŋ/. /ŋ/. /ŋ/.

Versuchen wir es jetzt mit dem /ŋ/.

1. Befindet sich /ŋ/ am Wortende, wird es mit NG geformt.
   Along, among, belong, boomerang, bring, clang, cling, clung, hang, king, long, lung, mustang, parking, ring, sing, slang, sting, strong, strung, swing, swung, thing, thong, tongue, wing, young

2. Wenn sich /ŋ/ in der Wortmitte befindet.
   Belonging, bringing, clinging, hanging, ringing, singing, swinging

3. Wenn /ŋ/ am Anfang eines Wortes zu finden ist.
   Es gibt keine. Wenn wir ein Wort finden, welches auf NG beginnt, ist es nicht Teil der englischen Sprache.

4. Der /ŋ/ Laut kann außerdem als /ŋ/ + G, /ŋG/ betont werden.
   Angle, entangle, finger, hunger, jingle, jungle, linger, longer, mango, rectangle, singer, single, stronger, tango, triangle

5. Der /ŋ/ Laut kann ebenso als /ŋ/ + K, /ŋK/ betont werden.
   Anchor, anxious, blanket, crank, drink, frank, handkerchief, ink, junk, monkey, rink, thank, think, uncle

Es ist an der Zeit /ŋ/ in Sätzen zu üben.

1. Bring our boomerang along and place it to where it belongs.

2. Drive a Mustang and use slang.

3. If you have wings, sing, think, and swing.

4. Is it a triangle or a rectangle? Why does it look like a flamingo?

5. If you're single, bring a jingle and a mango. Let the singles tango in the jungle.

6. Frank went to the bank with a blanket in his hand.

7. What do you think about this ink? Mix it with our drink. That would be interesting.

Vergleichen wir jetzt die Laut /M/ /N/ und /ŋ/.

clan, clam, clang
Dan, dam, dang
din, dim, ding
dun, dumb, dunk
kin, Kim, king
Lynn, limb, ling
ran, ram, rang
run, rum, rung
sin, SIM, sing
sun, sum, sung

Kapitel 32: Die S, /S/ und die Z, /Z/ Laute

Hören wir uns das S, die /S/ Laut an.

Construction, glass, description, floss, ice, impetus, inspiration, sage

Um /S/ zu betonen öffnen wir leicht unsere Lippen. Unsere Zungenspitze drücken wir gegen unsere unteren Schneidezähne. Luft strömt von der Mitte unserer Zunge durch unsere Zahnlücken nach außen. /S/. /S/. /S/.

Legen Sie eine Hand an Ihren Hals. Können Sie Vibration fühlen?

Ganz richtig. /S/ ist unbetont. Es handelt sich hier nur um Luft die durch unsere Zahnlücken strömt. Keine Vibration.

Der /S/ Laut kann aus den Buchstaben S und C geformt werden. Wenn der Buchstabe C vor den Vokalen E, I, und Y ist, dann wird das C als /S/ betont. Versuchen wir es mit ein paar Beispielen.

Celebrate, century, certificate, accelerate

Advice, circle, circus, city, civilization, decide, exercise, face, voice

Bicycle, cylinder, fancy, mercy, recycle

Üben wir das /S/:

1. Wenn S, /S/ am Beginn eines Wortes steht.
    Satisfy, save, say, sea, send, service, seventeen, silver, simple, singing, six, skate, skill, sky, so, sofa, some, song, space, spider, spike, spring, stay, step, story, sunny, swab, swan

2. Wenn S, /S/ in der Mitte eines Wortes steht.
Absorb, acid, Alisa, ascent, ask, asleep, aspire,
assign, assist, best, blossom, diskette, dust, essay,
essence, grasshopper, guest, husband, insist,
inspire, intensity, just, most, music, must, past, post,
reset, risk

3. Wenn S, /S/ am Ende eines Wortes steht. Außerdem wird
der Buchstabe C als /S/ betont wenn C vor den Buchstaben
E, I und Y steht.
Address, analysis, bonus, boss, brass, bus, chess,
class, cross, delicious, dress, eclipse, emphasis,
fabulous, famous, floss, ice, impetus, juice, notice,
obsess, office, pass, possess, practice, process,
promise, serious, success, thesis, voice

Erinnern Sie sich an die unbetonten Konsonanten? Wenn
ein unbetonter Konsonant vor dem Buchstaben S ist, dann
wird S als /S/ betont. Das ist richtig so. Wenn einer der
folgenden unbetonten Konsonanten

/F/, /K/, /P/, /S/, /T/, /TH/

vor dem Buchstaben S ist, dann wird der Buchstabe S
als /S/ betont. In den nun folgenden Wörtern ist der
Buchstabe S am Ende. Sie alle haben den /S/ Laut.

academics, logistics, systematics, briefs, kickoffs,
golfs, banks, checks, parks, ships, beeps, caps,
groups, chess, class, success, dusts, guests, posts,
sixteenths

Wenn der Buchstabe S von einem weiteren S gefolgt ist,
dann wird das doppelte S als /S/ betont. Hier sind sie.

Chess, class, glass, success, guess, address, boss,
brass, pass, possess, process, hiss, press, miss,

Mississippi, express, business

Ist der andere Konsonant unbetont, das CH und das SH vor dem Buchstaben S sind, wir der Buchstabe S als Z, /Z/ betont. Das kommt daher, dass sie eine neue Silbe IZ zum Laut hinzufügen. Hören wir es uns an.

1. approaches, beaches, roaches, brushes, finishes, splashes

Machen wir direkt mit dem Z, /Z/ Laut weiter.

citizen, magazine, size, surprise, user, waltz, whizz, zoo

Die Betonung von Z, dem /Z/ Laut erhalten wir, indem wir unsere Lippen leicht öffnen. Pressen Sie Ihre Zungenspitze gegen Ihre unteren Schneidezähne. Luft strömt von der Mitte unserer Zunge durch die Zahnlücken. Dieses Mal fügen wir Vibration hinzu. /Z/, /Z/, /Z/.

Probieren wir es aus. Das Z, der /Z/ Laut.

1. Z, /Z/ befindet sich am Wortanfang.
   zap, zeal, zebra, zucchini, zero, zig, zigzag, zillion, zip, zipper, zither, zombie, zone, zoo, zookeeper, zounds

2. Z, /Z/ befindet sich in der Wortmitte.
   amazement, azimuth, azure, bizarre, blizzard, citizen, dazzle, dizzy, enzyme, fuzzy, gazer, gazillion, hazel, lizard, magazine, nozzle, ozone, puzzle, razors, sizable, wizard

3. Z, /Z/ befindet sich am Wortende.
   amaze, analyze, apologize, braze, breeze, buzz, emphasize, energize, fuzz, harmonize, hertz, internationalize, jazz, localize, maximize, mobilize, normalize, notarize, personalize, prize, quiz

4. Der Buchstabe S kann ebenso als Z, /Z/ betont werden. Sagte ich gerade, dass der Buchstabe S auch als Z, /Z/ betont werden kann? Ja, das habe ich. Hören wir es uns an.
   Because, choose, compose, does, ease, excuse, hers, his, muse, nose, pause, phrase, please, raise, rinse, surprise, use, user, whose

In manchem Wörtern wird der Buchstabe S auch als S, /S/ oder Z, /Z/ betont. Schauen wir uns das Wort excuse in den folgenden zwei Sätzen an. Wenn das Wort excuse ein Verb ist, wird das S als Z, /Z/ betont. Wenn es als Nomen verwendet wird, wird das S als S, /S/ betont.

- Excuse me. Where is the gate?
- There is no excuse.

Es gibt noch mehr.
Nomen – a houSe, Verb – to houZe the new arrivals.
Nomen – a cloSe, Verb – to cloZe the door.

Üben wir nun. Das Erste ist ein Nomen. Das Zweite ist ein Verb.

Excuse, Excuse
House, House
Close, Close
Use, Use
Mouse, Mouse
Advice, Advise

Vergleichen wir jetzt S, /S/ und Z, /Z/.

advice, advise
bounce, bounds
brace, braze
bus, buzz
hiss, his
peace, peas
price, prize
rice, rise
sag, zag
sap, zap
sink, zinc
sip, zip
sounds, zounds
Sue, zoo

Falls Sie sich nicht sicher sind, ob es als S, /S/ oder Z, /Z/ betont wird, betonen Sie es als S, /S/. Damit sollten Sie in den meisten Fällen durchkommen.

Üben wir S, /S/ und Z, /Z/ nun im Satz.

1. If you're satisfied, save the file and say good-bye.
2. Sing six songs and sail at sea then look at the sky to see if it's still sunny.
3. Sweep the dust on the glass and set it on the grass. It's a must.
4. Address our ambition before analyzing the bonus to our boss.
5. This practice is fabulous. Drink some juice then play chess on the bus.
6. If the alarm beeps, go straight to the ships.
7. Do zebras eat zucchinis? Absolutely!
8. Zigzag in the zombie zone. Zillion dollars is no use. This is no home.
9. Amazed! Citizens enjoying the blizzard with lizards.
10. If you can, bring a prize.
11. To maximize the prize, internationalize before you energize.
12. She finds her excuse with ease.
13. When the roaches approach the beaches, the feast finishes.

Nochmals, wenn Sie sich nicht sicher sind ob etwas als /S/ oder /Z/ betont wird, betonen Sie es als S, /S/.

Kapitel 33: Der /Y/ Laut

Hören wir uns zu erst den /Y/ Laut an.

Year, yes, yesterday, yet, unite, university, use, utility, crayon, onion

Wenn wir den /Y/ Laut betonen, drücken wir unsere Zungenspitze gegen unsere unteren Schneidezähne, heben dann den vorderen Teil unserer Zunge und pressen die Luft heraus um dem Laut zu erzeugen. /Y/. /Y/. /Y/.

Üben wir jetzt den /Y/ Laut:

1. Der /Y/ Laut mit dem Buchstaben Y vorne.
   yacht, yam, yard, yaw, year, yellow, yes, yesterday, yet, yield, Yo-yo, yogurt, yoke, young, youth, yummy

2. Der /Y/ Laut mit dem Buchstaben Y in der Mitte.
   beyond, coyote, crayon, kayak, lawyer, layout, loyal, mayo, mayor, payoff, player, Voyager

3. Der /Y/ Laut ohne den Buchstaben Y.
   amuse, beautiful, billion, computer, continue, contribute, curious, cute, Europe, excuse, fuel, fusion, future, huge, human, humid, January, menu, million, muse, museum, music, onion, pure, trial, unit, unite, university, use, value, view

147

Es ist an der Zeit /Y/ im Satz zu üben.

1. Yes, yesterday has gone away and tomorrow has yet to come. Utilize the current moment and use what you've got to play yo-yo.
2. How to make yummy yogurt? Ask Yager.
3. The mayor is loyal to the city. That's the payoff.
4. All football players are required to go to the tryout. They can bring a football or a papaya.
5. That's a cute menu. Did you bring it from Europe?
6. The fuel for the future will be hugely different. Good job, human!
7. This music is unique. Thanks a million.

Kapitel 34: Die /CH/ und die /J/ Laute

Machen wir uns mit dem /CH/ Laut vertraut.

achieve, archer, attachment, adventure, amateur, chair, chalk, chamber, digestion

Um /CH/ zu betonen runden wir unsere Lippen leicht, drücken unsere Zungenspitze gegen unsere Zähne um die Zahnlücken zu verschließen und bauen Druck auf. Wir nehmen dann schnell unsere Zunge nach unten um den Druck abzulassen und den /CH/ Laut zu erzeugen. /CH/. /CH/. /CH/.

Handelt es sich bei /CH/ um einen betonten oder unbetonten Konsonanten? /CH/ ist unbetont. Üben wir jetzt das /CH/:

1. Wenn /CH/ sich am Anfang befindet.
   chain, chair, champion, chancellor, chant, chapter, charcoal, Charlie, chart, chase, chat, check, cheer, cheese, cheetah, cherry, chess, chew, chicken, chief, child, chin, chip, chore, chuck, chuckle, chunk

2. Wenn /CH/ sich in der Mitte befindet.
   bachelor, benchmark, bleacher, catcher, enrichment, hitchhiker, ketchup, kitchen, luncheon, orchard, puncher, poncho, rancher, Richard, richer

3. Wenn /CH/ sich am Ende befindet.
   1. approach, attach, beach, brunch, bunch, catch, challenge, crunch, each, fetch, hatch, hitch, inch, itch, peach, perch, reach, rich, roach, stitch, such, switch, teach, touch, watch, which

4. Wenn /CH/ durch den Buchstaben T geformt wird.
   adventure, amateur, culture, feature, fixture, future,

mature, mixture, moisture, natural, nature, nurture, picture, posture, signature, structure, temperature, texture, combustion, exhaustion, question, suggestion

Trainieren wir das /CH/ in Sätzen.

1. The chancellor has changed. Started from the bottom of the food chain, he's now a champion.
2. Charlie was a chess player a year ago. He's now the chair of the chess department.
3. What's the fastest land animal on Earth, a cheetah or a chicken? When gliding from the sky, the cheetah will not fly, but the chicken will survive.
4. Richard got richer by hatching chickens in his orchard.
5. Approach the beach to find Peach is going to be a challenge.
6. Take an adventure of agriculture. If you're an amateur, enjoy the feature. Take a picture.
7. Add some moisture and some temperature to the structure and leave the rest to nature.
8. This is the combustion and this is the exhaustion. Any questions?

Hören wir uns den /J/ Laut an.

jacket, Jacob, jewelry, gentleman, genuine, geography, encourage, energy, education

Wir betonen /J/ indem wir unsere Lippen leicht runden und unsere Zähne mit unserer Zunge berühren. Drücken Sie nun die Luft von Ihrem Bauch aus nach oben und fügen Sie Vibration hinzu. /J/. /J/. /J/.

Üben Sie nun den /J/ Laut.

1. Der /J/ Laut geformt vom Buchstaben J.
    Jack, janitor, January, jar, jasmine, jaw, Jay, jeep, jelly, jet, jigsaw, jingle, join, joke, Joseph, journal, judge, juice, junior, just, adjective, adjust, conjunction, enjoy, major, majority, object, rejoice, subject

2. Der /J/ Laut geformt vom Buchstaben G.
    gems, general, generate, generation, genius, geometry, gesture, giant, ginger, gym, age, agenda, agent, college, courage, engine, engineer, George, gyroscope, hinge, huge, knowledge, large, logical, manager, marriage, merge, orange, range, region, Virginia, wage

3. Der /J/ Laut geformt von den Buchstaben DU.
    education, educator, gradual, graduate, graduation, individual, module, nodule, procedure, schedule

151

Und nun üben Sie den /J/ Laut in ganzen Sätzen.

1. Jack, the janitor, dropped his jaw when he saw Jasmine sleeping in her jar.
2. Jason and Jasmine enjoy joking about jelly in their jeep while journeying through the jungle.
3. Put the gel and gems together, then eat some ginger.
4. George is a giant. At the age of seven, he's huge in the region.
5. General Page is a genius. He's good at geometry and engineering.
6. Education will pay off. Follow the procedure until we graduate.

Ziehen wir jetzt den Vergleich zwischen den /CH/ und den /J/ Lauten.

chain, Jane
charge, judge
cheep, jeep
cherry, Jerry
chill, Jill
choke, joke
choose, juice
chunk, junk
ranch, range
rich, ridge

Kapitel 35: Die /SH/ und die /ZH/ Laute

Hören wir uns nun den /SH/ Laut an.
ship, shop, show, nation, option, magician, mission, tissue, immersion,

Um /SH/ zu betonen bringen wir leicht unsere Zähne zusammen, runden unsere Lippen und strecken sie nach vorne. Rollen Sie Ihre Zunge und lassen Sie die Luft durch Ihre Zunge nach außen strömen. /SH/. /SH/. /SH/.

Ist /SH/ betont oder unbetont?

Legen Sie eine Hand an Ihren Hals. /SH/. Spüren Sie Vibration?

Ganz richtig. Es gibt keine Vibration. /SH/ ist unbetont.

Üben wir /SH/ zusammen:

1. Der /SH/ Laut mit SH.
shadow, shampoo, shape, share, she, sheep, shepherd, shield, shift, shrimp, ash, astonish, brush, finish, fish, flash, flourish, fresh, lavish, marsh, push, vanish, wash

2. Der /SH/ Laut mit den Buchstaben T und C.
ambitious, collection, compulsion, emotion, fiction, information, initial, partial, patience, ratio, reaction, section, station, suction, ancient, associate, conscious, delicious, efficient, electrician, financial, gracious, Marcia, musician, ocean, Patricia, social, special

3. Der /SH/ Laut mit den Buchstaben S und SS.
dimension, extension, insurance, insure, mansion, Sean, sugar, sure, tension, assure, discussion,

emission, impression, issue, permission, pressure

4. Der /SH/ Laut mit den Buchstaben CH.
   brochure, chalet, champagne, chandelier,
   chaperone, chef, chic, chute, machine, Michelle,
   mustache, parachute

Jetzt wird /SH/ im ganzen Satz geübt.

1. Shadow the shepherd to sheer the wool and shield the sheep from wolves.
2. Share the earth with shrimp, fish, sheep, and other animals.
3. Push the bush to finish the show then wash the marsh with ash.
4. Way to go! Our ambition is emotional.
5. This collection of information is ancient. Look at their reaction.
6. The electrician's financial situation is about the same as the magician and the musician. The difference is the musician likes the ocean.
7. What's the dimension of this mansion and the extension? I wonder how they pay for insurance.
8. This is the discussion of the emission. They have my impression and permission.
9. This is a brochure of the machine. You get a free parachute for being a chaperone, Michelle.

Hören wir uns zunächst den /ZH/ Laut an.

composure, disclosure, camouflage, garage, massage

/ZH/ betonen wir indem wir unsere Lippen runden und sie nach vorne strecken. Wir rollen unsere Zunge und lassen die Luft durch sie nach außen strömen.

/ZH/ klingt wie /SH/, jedoch ist der /ZH/ Laut betont. Legen Sie eine Hand an den Hals. Spüren Sie die Vibration bevor Sie fortfahren. /ZH/. /ZH/. /ZH/.

Der /ZH/ Laut kann aus den Buchstaben S, Z und G geformt werden. Es gibt im Englischen nur wenige Wörter bei denen Z als /ZH/ betont wird.

Jetzt üben wir /ZH/.

1. Der /ZH/ Laut mit den Buchstaben S und Z.
   azure, closure, enclosure, exposure, leisure, measure, pleasure, treasure, aversion, casual, conclusion, confusion, decision, delusion, fusion, infusion, occasion, persuasion, revision, television, transfusion, usual, version, vision, visual

2. Der /ZH/ Laut mit dem Buchstaben G.
   beige, camouflage, collage, corsage, entourage, garage, genre, mirage, massage, prestige, regime

157

Jetzt werden wir /ZH/ im Satz trainieren.

1. Measure our pleasure with a ruler. What's the answer?
2. Find our treasure for leisure. Set the right exposure and take some pictures.
3. This casual conclusion is a good decision. If you have confusion, it's a delusion.
4. Highly successful people always have vision, decision, and occasionally confusion. Some of them have a television.
5. This beige cloth can stay camouflaged if it stays locked in our garage.

Vergleichen wir /SH/ und /ZH/.

assure, azure
fiction, vision
fuchsia, fusion
pressure, pleasure

Kapitel 36: Die TH Laute

Es gibt zwei verschiedene TH Laute. Der betonte TH Laut, /TH/, und den unbetonten TH Laut, /TH/.

Hören wir uns zuerst den unbetonten TH Laut, /TH/, an.

faith, health, math, thank, three, author, ether, ethics, birthday

Wenn wir den unbetonten TH Laut richtig betonen wollen, /TH/, öffnen wir leicht unsere Zahnreihen und berühren unsere unteren Schneidezähne mit unserer Zungenspitze. Während wir sie dort weiterhin unsere Zähne berühren lassen, drücken wir sie nach vorne um auch unsere oberen Schneidezähne zu berühren. /TH/, /TH/, /TH/.

Gehen wir es nochmal durch. Um den unbetonten TH Laut zu betonen, /TH/, haben wir unsere Zähne leicht geöffnet und unsere Zungenspitze liegt an unseren unteren Schneidezähne an. Wir bewegen die Zungenspitze nicht weg und pressen unsere Zunge sanft nach vorne um auch unsere oberen Schneidezähne zu berühren. Dadurch berührt die Spitze die unteren Zähne und leicht dahinter besteht Kontakt zu den oberen Zähnen.

Jetzt da unsere Zungenspitze unsere unteren Schneidezähne berührt und der Teil darüber die oberen, drücken wir die Luft nach draußen und sie strömt durch den Zwischenraum zwischen unserer Zunge und unseren Zähnen.

Mit anderen Worten, platzieren Sie Ihre Zungenspitze zwischen Ihren Vorderzähnen um den Laut zu produzieren. Lassen Sie mich dies nochmals betonen, um den korrekten unbetonten Laut TH zu erzeugen, /TH/, positionieren Sie die Spitze Ihrer Zunge zwischen Ihren Schneidezähnen während Sie die Luft nach draußen drücken und sie zwischen der Zunge und den Zähnen nach außen strömt.

Wunderbar. Jetzt versuchen wir es nochmals.

faith, health, math, thank, three, author, ether, ethics, birthday

Um den unbetonten TH Laut, /TH/, zu betonen, sollten wir unsere Zunge wo positionieren? Zwischen unseren vorderen Schneidezähnen! Platzieren Sie die Spitze hinter Ihren unteren Schneidezähnen und den Teil leicht darüber zwischen den oberen Vorderzähnen.

Packen wir es an.

1. Der unbetonte TH Laut, /TH/, am Wortanfang.
    thaw, theater, theme, theory, thermal, thesis, thick, thigh, thin, thing, think, third, thirsty, thirteen, thirty, thorough, thought, thousand, thrall, threat, three, threshold, thrifty, thrill, thrive, throat, throng, throughout, throw, thrust, thumb, thunder, Thursday

2. Der unbetonte TH Laut, /TH/, in der Wortmitte.
    Anthony, anthem, anthropology, anything, athlete, authority, bathroom, birthday, birthmark, Cathy, earthquake, ether, ethics, everything, faithful, healthy, lengthy, methane, method, monthly, python, something, synthetic, healthy, truthfulness, within, without, and again, birthday

3. Der unbetonte TH Laut, /TH/, am Wortende.
    bath, birth, cloth, booth, earth, faith, fourth, length, math, month, north, oath, path, sixteenth, Smith, smooth, south, stealth, wealth, with, worth, youth, zenith, warmth

Nun werden wir den unbetonten TH Laut, /TH/, im Satz üben.

1. Thaw our frozen food in a thick thermal container for 33 minutes then go the theater in a theme park.
2. If you're the third thirstiest thrower, think three times before writing our thesis.
3. If you have thoroughly thought about thousands of theories, pick one that thrills you this Thursday.
4. Anthony has studied everything about anthropology except for birthday celebrations in the bathroom.
5. Arthur is a thin athlete who's six feet three but only 113 pounds.
6. Cathy tried to scrape her birthmark on her thigh during an earthquake and became faithful on healthy exercises.
7. Wrap a bath cloth for a month after birth then think about its worth.
8. On Earth, whether you want to go south or north, if you have faith, you can celebrate.

Bevor wir uns dem betonten TH Laut, /TH/, widmen,
vergleichen wir den unbetonten TH Laut, /TH/, mit anderen
ähnlichen Lauten. Der erste davon ist der betonte TH Laut.

thank, sank
thank, tank
thaw, saw
thaw, tall
theme, seam
theme, team
thick, sick
thick, tick
thigh, fi
thigh, sigh
thigh, tie
thin, fin
thin, sin
thin, tin
thing, ding
thing, sing
think, sink
third, cert
third, dirt
thirty, dirty
thorn, torn
thought, fought
thought, sought
thought, taught
thumb, dumb
thumb, sum
thumb, tum

Wie lernen Sie ein Auto zu fahren? Indem Sie ein Auto
fahren oder anderen beim Fahren eines Autos zusehen?
Die Antwort liegt auf der Hand. Fahren Sie einfach das
Auto.

Wie lernen wir denn jetzt, den unbetonten TH Laut richtig

auszusprechen? Indem wir /TH/ aufsagen oder indem wir anderen zuhören, wie sie /TH/ aussprechen? Auch hier liegt die Antwort auf der Hand. Sagen Sie einfach /TH/. Hier sind noch ein paar mehr Wörter mit /TH/. Sprechen Sie das /TH/ immer wieder aus.

bath, bass
bath, bat
booth, boos
both, boat
both, Bose
eighth, ate
faith, face
fifth, fif
fifth, fit
fourth, force
Keith, keys
math, mass
math, mat
mouth, mouse
myth, miff
myth, miss
path, pat
Ruth, roof
sixth, six
teeth, teas
tenth, tent
tooth, to
truth, choose
with, whiff
with, whiz
with, wit
worth, worse

Jetzt machen wir mit dem betonten TH, dem /TH/ Laut
weiter. Machen wir uns mit dem betonten TH, dem /TH/
Laut vertraut.

That, their, those, another, feather, rather.

Wir betonen den betonten TH Laut, /TH/, indem wir den
unbetonten TH Laut, /TH/, aussprechen und dann zwei
Dinge befolgen:
1. Strecken Sie Ihre Zunge etwas weiter vor. Breiten
   Sie den Bereich direkt hinter der Zungenspitze ein
   wenig aus..
2. Fügen Sie Vibration hinzu. /TH/.

Jetzt vergleichen wir den unbetonten TH Laut, /TH/ mit dem
betonten TH Laut, /TH/.

/TH/, /TH/
/TH/, /TH/
/TH/, /TH/

1. Üben wir den betonten TH Laut,/TH/, wenn TH am
Wortanfang steht.
   than, that, the, thee, their, theirs, them, there,
   therefore, these, they, this, those, though, thus

Haben Sie die Vibration gehört? /TH/? Gut. Wir brauchen
die Vibration!

2. Üben wir den betonten TH Laut, /TH/, wenn TH in der
Wortmitte steht.
   although, another, breathe, breather, brother, clothe,
   clothing, dither, either, farther, father, feather, further,
   gather, Heather, lather, leather, loathing, mother,
   neither, northern, other, rather, rhythm, seethe,
   slather, slither, smoother, smoothie, southern,
   teether, tether, together, weather, whether, wither

165

Haben Sie den TH Laut mit Vibration angesprochen? /TH/?
Gut. Genau diese Vibration benötigen wir!

3. Und jetzt üben wir den betonten TH Laut, /TH/, wenn TH
am Wortende steht.

> Es gibt keine. Wenn ein Wort auf TH endet, ist das
> TH unbetont.

Falls Sie sich nicht sicher sind, ob ein TH in einem Wort
betont oder unbetont ist, betonen Sie es als unbetont. Das
wird in den meisten Fällen in Ordnung sein.

Üben wir nun das betonte TH, /TH/, in ganzen Sätzen.

1. That is their smoothie. Their smoothie is smoother than these.
2. Although they have brought their breather, they were unable to breathe when they walked. Therefore, they slithered.
3. Heather stayed with her father, mother, and brothers for another winter.
4. Gather our clothes, feather, and leather together, let's go farther.

Es ist an der Zeit den betonten TH Laut, /TH/, mit anderen ähnlichen Lauten zu vergleichen. Der erste von ihnen ist der betonte TH Laut.

Than, Dan
Than, tan
Than, fan
that, sat
that, tat
then, zen
then, den
then, ten
they, say
they, day
breathe, breath
clothe, cloth
dither, differ
clothing, closing
lather, latter
loathing, loading

Der Unterschied zwischen dem betonten TH und the unbetonten TH ist so gering, dass einheimische Sprecher das betonte TH oft als ein unbetontes TH in der alltäglichen Sprache verwenden. Wenn Sie verunsichert sind, ob ein TH in einem Wort betont oder unbetont ist, betonen Sie es als unbetont. Im täglichen Sprachgebrauch wird Ihnen das niemand übel nehmen.

Kapitel 37: Die Rückroll Konsonanten

Herzlichen Glückwunsch! Wir sind mit den einfachen Konsonanten durch. Jetzt versuchen wir mal dies:

TCHDSPR.

Im oben aufgeführten Konsonantenmuster stehen sechs Konsonanten zusammen. Wie betonen wir diese? Packen wir sie in einen Satz

I wa**tched spr**ing thrived.

TCHDSPR. Alle sechs Konsonanten sind miteinander verbunden.

Sehen wir uns die nun folgenden Wörter an.

latchstring
catchphrase
Archchronicler

Diese Wörter haben viele Konsonanten hintereinander. Wie sollen wir sie betonen? So machen wir es richtig:

Wir rollen sie zurück!

Wir fangen hinten an und arbeiten uns zurück.

Nehmen wir latchstring als Beispiel. So wird es gemacht.
- ring
- tring
- string
- chstring
- tchstring
- latchstring

Sehen wir uns das Wort catchphrase an.
- rase
- phrase
- chphrase
- tchphrase
- catchphrase

Archchronicler.
- ler
- cler
- nicler
- ronicler
- chronicler
- chchronicler
- archchronicler

Der Schlüssel zum Erfolg ist, sie von hinten zu betonen.
Fügen Sie immer wieder einen Laut hinzu, immer weiter.
Fangen Sie vom Schluss aus an. Ja, vom Schluss!

Herzlichen Glückwunsch. Dies sind die Schwierigsten.
Widmen wir uns jetzt den einfacheren.

Spring – ring, pring, spring
splash – lash, plash, splash
strong – rong, trong, strong
strive – rive, trive, strive

three – ree, three
through – rou, through
quick – wick, kwick
quest – west, kwest

blend – lend, blend
blue – lue, blue
dream – ream, dream
drink – rink, drink

Jetzt haben wir es verstanden. Wie bekommen wir es richtig hin? Wir rollen sie zurück!

Kapitel 38: Die verlorenen Konsonanten

In der Vokal Sektion haben wir über die verlorenen Vokallaute gelernt. Jetzt sehen wir uns die verlorenen Konsonantenlaute an.

Wenn wir die folgenden Wörter langsam betonen klingen sie natürlich.

mountain, mitten, kitten, twenty, often, soften

Wenn wir jedoch normal sprechen wir das T, der /T/ Laut in der Mitte dieser Wörter verloren. Betonen wir diese Wörter jetzt mit normaler Geschwindigkeit.

mountain, button, mitten, bitten, twenty, seventy, planting, wanted, often, soften

Versuchen Sie nun die folgenden Wörter langsam aufzusagen.

Exactly, trusts, lists, clothes

Bei diesen Wörtern werden einige Konsonanten verloren, auch wenn wir sie langsam aussprechen. Anstatt exacTly zu sagen, verlieren Sie das T und sagen Sie exacly. Anstatt lisTs zu sagen, sagen Sie einfach nur lis's. Und nun sehen Sie sich dieses an – clothes.

Anstelle cloTHez zu sagen, verlieren Sie einfach das TH und sagen Sie cloz. Die Betonung ist ganz genau die gleiche wie close, so wie in close the door.

Es gibt noch mehr.

compactly, confidently, contacts, contexts, Exactly, interacts, software, swiftly, texts

asked, masked, risked, tasked, tusked

attends, bonds, commands, Grand Central, Grandma, kindness, profoundness

relentless, restless

clothes, lengths, months, moths, sloths, eighths, tenths, hundredths

West side, first trip, lost thought, stand still

Nochmals,wir verlieren absichtlich einige Konsonanten um unser Englisch natürlicher klingen zu lassen. Anstatt zu sagen:

– asked,

sagen Sie as'ed.

Anstatt zu sagen:

– attends,

sagen Sie attens.

Die gute Nachricht ist, es gibt nicht sehr viele davon. Verinnerlichen Sie die Wörter in diesem Kapitel und als ein Englisch-als-Zweitsprache Sprecher werden Sie mehr wissen, als Sie eigentlich brauchen.

Kapitel 39: Die fehlenden Konsonanten

Herzlichen Glückwunsch! Wir haben das Lernen der Konsonanten hinter uns gebracht. Nun da wir Vokallaute in der ersten Hälfte dieser Lektion gelernt haben, haben Sie sicher einige Konsonantenlaute ausgelassen oder falschen betont.

Ja, das haben Sie!

Lassen Sie mich dies bitte nochmals erwähnen. Als wir in der ersten Hälfte der Lektion die Vokale erlernt haben, haben sie Laute der Konsonanten weggelassen oder einige der Konsonantenlaute falsch ausgesprochen.

In dieser Situation habe ich mich auch schon befunden und ich weiß, dass es so ist. Einige Laute wurden versäumt oder inkorrekt betont.

Die gute Nachricht ist, dass wir jetzt die Konsonanten erlernt haben. Kehren Sie zu de ersten Hälfte des Buches zurück und üben Sie die Vokallaute. Dieses Mal aber werden Sie diese und die Konsonanten richtig aussprechen.

Kehren Sie jetzt dorthin zurück. Machen Sie das, bevor Sie mit dem nächsten Kapitel fortfahren.

Sagte ich nicht gerade, Sie sollen zum Anfang des Buches zurückkehren?

Ich würde sagen, dies ist was ich gerade sagte. Wir kehren jetzt zum Anfang des Buches zurück und uns den verpassten und falsch ausgesprochenen Konsonanten jetzt widmen.

174

Wiederholen Sie alles und machen dann mit dem nächsten Kapitel weiter.

Kapitel 40: Liaison

Sehen wir uns die nun folgenden zwei Sätze an. Diese beiden Sätze sind identisch. Jedoch ist der erste Satz nicht das beste Beispiel, wie man ihn aufsagen würde. Der zweite Satz ist die richtige Art, ihn auszusprechen.

Die nicht so schöne Art
1. Today - is - the - best - time - to - practice - our - English.

Nun der richtige Weg ihn aufzusagen
2. Today **is** the bes**t t**ime to practi**ce our E**nglish.

Welcher klingt besser? Mit Sicherheit klingt der zweite Satz besser. Der zweite Satz klingt sogar erheblich besser! Und dies ist die richtige Art und Weise Englisch zu sprechen. Hören wir uns den zweiten ein weiteres Mal an.
2. Today **is** the bes**t t**ime to practi**ce our E**nglish.

Vergleichen wir die schlechte und die gute Art, diesen Satz aufzusagen.
Today is
Today **is**
Today is
Today **is**

Best time
Bes**t t**ime
Best time
Bes**t t**ime

Practice our
Practi**ce o**ur
Practice our
Practi**ce o**ur

176

Our English
Ou**r E**nglish
Our English
Ou**r E**nglish

Englisch sprechen wir auf die richtige Weise, wenn wir die Wörter miteinander verbinden.

Dies ist die Wort Liaison. Es bedeutet Wortverbindung. Wenn wir Englisch sprechen verbinden wir die Wörter in Phrasen und Sätzen.

Nochmals, wenn wir Englisch sprechen wollen, müssen wir die Wörter miteinander verbinden um Phrasen und Sätze zu formen.

Es gibt vier Möglichkeiten die Wörter miteinander zu verbinden.

1. Konsonant zu Konsonant Verbindung

Werfen wir einen Blick auf die nun folgenden Wörter.

Best time
Just talk
Help people
Top performance

Diese Wörter enden und beginnen mit dem selben Konsonanten. Wenn wir also Englisch sprechen, verbinden wir diese beiden Wörter miteinander. Als Resultat wird aus "best time" dann "bestime." "Just talk" wird zu "justalk." Versuchen wir es noch einmal.

Bes**t t**ime
Jus**t t**alk
Hel**p p**eople

177

To**p p**erformance

Wie verbinden wir sie miteinander? Sehen Sie mal. In "best time" machen wir dies auf die folgende Art:
1. Verlängern Sie den /S/ Laut
2. Verlieren Sie das erste T.
Bes*time.
Bes*time.
Bes*time.

Probieren wir es jetzt mit "just talk."
3. Verlängern Sie den /S/ Laut
4. Verlieren Sie das erste T.
Jus*talk.
Jus*talk.
Jus*talk.

Das Gleiche gilt für das "P" in "help people."
Hel*people.
Hel*people.
Hel*people.

Für "top performance" verlängern wir den den O Laut und verlieren das erste P.
To*performance.
To*performance.
To*performance.

Schauen Sie sich dies einmal an.
Good book
Lead team
Five forms
Self-victory
With them
Breathe through

Bei diesen Wörtern sind die Konsonanten am Schluss

denen am Anfang sehr ähnlich, sie sind aber nicht identisch. Schauen wir uns das erste Beispiel an.

Good book
/D/ und /B/ sind sehr ähnlich. Wir müssen jetzt zwei Dinge beachten.

1. Reduzieren Sie den Klang des ersten Wortes "good" und verstärken Sie den Klang des zweiten Wortes "book."

Good book
Good book
Good book

2. Teilen Sie den Klang des Konsonanten am Ende des ersten Wortes, den /D/ Laut in zwei Hälften. Sprechen Sie die erste Hälfte aus und verlieren Sie die zweite Hälfte. Anstatt also goo/D/ zu sagen, sagen Sie goo/D/ indem Sie den Teil am Ende des /D/ Lauts verlieren. Mit anderen Worten, lassen Sie den /D/ Laut nicht raus. Es ist aber auch nicht goo book. Wir müssen die erste Hälfte des /D/ Lauts aussprechen. Es heißt good book.

Good book
Good book
Good book

Nun sehen wir uns **breathe through** an.
Das TH in breathe ist betont, /TH/, aber das TH in through ist unbetont, /TH/. Dies müssen wir beachten:

1. Reduzieren Sie den Klang des ersten Wortes "breathe" und verstärken Sie den Laut des letzten Wortes "through."

Breathe through
Breathe through
Breathe through

2. Teilen Sie den Laut des ersten TH in zwei Hälften, sprechen Sie die erste aus und verlieren Sie die zweite Hälfte und stellen Sie dann direkt die Verbindung zum zweiten TH Laut her. Mit anderen

Worten bringen Sie Ihre Zähne und Ihre Zunge in die
richtige Position, lassen den Laut des ersten TH
nicht raus sonder den des zweiten TH.
Breathe **th**rough
Breathe **th**rough
Breathe **th**rough

Sie wissen wie ich es meine. Üben wir nun nochmals.
Goo**d b**ook
Lea**d t**eam
Fiv**e f**orms
Sel**f-v**ictory
Wi**th th**em
Breathe **th**rough

2. Konsonant zu Vokal Verbindung

Gehen wir einen Schritt weiter. Sehen Sie sich die nun
folgenden Wörter an.
Like it
Hold on
Put up
Strong enough

Die ersten Wörter können perfekt an das nächste Wort
anschließen. Wenn sie sich verbinden, formen sie einen
neuen Laut.
Li<u>ke i</u>t
Hol<u>d o</u>n
Pu<u>t u</u>p
Stro<u>ng e</u>nough

Versuchen wir es nochmals.
Li<u>ke i</u>t
Hol<u>d o</u>n
Pu<u>t u</u>p

Stro**ng e**nough

Machen wir es richtig. Üben wir.
Tell a story. Tel**l a** story.
Have a good day. Ha**ve a** goo**d d**ay.
Eight o'clock. Eigh**t o**'clock.
Wait till eleven. Wai**t ti**l**l e**leven.

3. Vokal zu Vokal Verbindung

Sehen wir uns den Satz "he is" an.
Wenn wir ihn separat aufsagen ist es "he - is."
Wenn wir ihn in Verbindung aufsagen ist es "h**e i**s."

He **i**s
He **i**s

Hören Sie einen ausgeschnittenen /Y/ Laut zwischen he und is?

He **i**s
He **i**s

Ja. Es gibt einen ausgeschnittenen /Y/ Laut zwischen den Wörtern. Versuchen wir noch mehr.

Sh**e i**s
Jerr**y u**nderstands
I **a**m
B**y a**ir
Th**ey a**sked
St**ay o**n
The b**oy a**pplied
Enj**oy a** vacation

Die gute Nachricht ist, dass dieser /Y/ Laut automatisch entsteht. Bitte versuchen Sie es nochmals.

Sh**e i**s
Jerr**y u**nderstands

I am
By **a**ir
Th**ey a**sked
St**ay o**n
The b**oy a**pplied
Enj**oy a** vacation

Richtig! Der /Y/ Laut entsteht ganz von alleine. Das kommt daher, dass unser Mund bereits in der richtigen Position ist wenn wir ein Wort aussprechen, dass mit einem /E/ Laut endet. Wörter mit einen /E/ Laut am Ende sind Wörter mit /E/, /I/, /A/ und /OY/ Endungen.

Üben wir noch ein wenig
I al**so** **i**nvited th**e o**ther team.
Thr**ee o**ther teams part**y u**nder th**e u**mbrella.
I unzipped th**e ai**rbag.

Herzlichen Glückwunsch! Da der /Y/ Laut automatisch generiert wird müssen wir ihn einfach nur verstehen und das ist alles.

Versuchen wir noch etwas mehr zu verstehen. Lernen wir indem wir üben.
G**o o**n
G**o o**n

Hören Sie eine ausgeschnittenen /W/ Laut zwischen go und on?
G**o o**n
G**o o**n

Ja. Es gibt einen ausgeschnittenen /W/ Laut zwischen den Wörtern. Probieren wir noch ein paar.
Joe is
Row 18
How about
Allow it

> Who is
> You excel

Es ist das Selbe! Der /W/ Laut entsteht automatisch. Das kommt daher, dass unser Mund sich bereits in der richtigen Stellung befindet wenn wir ein Wort mit /O/, /OO/ und /OW/ am Ende aussprechen.

Üben wir noch ein wenig.
> G**o o**n t**o A**ven**ue A**.
> Contin**ue e**ight more days.
> Wh**o i**s sitting on R**ow 18**?
> Y**ou e**xcel when y**ou a**pply.

Glückwünsche! Da der /W/ Laut automatisch erzeugt wird müssen wir es nur verstehen und das ist schon alles.

4. Konsonant zu Y Verbindung

4.1. Schauen wir uns erst die T zu Y Verbindung an:

> Wha**t y**ou need is practice.
> Ac**t y**our part.
> Don'**t y**ou like it?
> I go**t y**ou.

Wenn sich T und Y verbinden formen sie ganz natürlich einen CH Laut.

> Wha**t y**ou → Wha**ch**oo
> Ac**t y**our → Ac**ch**oor
> Don'**t y**ou → Don**ch**oo
> Go**t y**ou → Got**ch**oo

4.2. Werfen wir einen Blick auf die D zu Y Verbindung:

183

Di**d y**ou see that?
Woul**d y**ou like one?
How di**d y**esterday go?
I plan to atten**d Y**elena's party.

Wenn sich D und Y verbinden formen sie ganz natürlich einen J Laut.

Di**d y**ou → Did**j**a
Woul**d y**ou → Wü**j**oo
Di**d y**esterday → Did**j**esterday
Atten**d Y**elena's → Attend**j**elena's

4.3. Nun die S und Y Verbindung:

That sound**s yummy**.
Si**x y**ears.
Deliciou**s y**ams

Bitte beachten Sie, dass "six" als "siks" betont wird. Der letzte Buchstabe hört sich an wie ein /S/. Wenn /S/ und Y sich verbinden entsteht ein SH Laut.

Sound'**s y**ummy → Sound**sh**ummy
Si**x y**ears → Sik**sh**ears
Deliciou**s y**ams → Deliciou**sh**ams

4.4. Nun die letzte, die Z und Y Verbindung:

Sei**ze y**our sword.
Reali**ze y**our potential.
Murphy'**s y**ams.

Beachten Sie, das "S" in "Murphy's" wird als /Z/ betont. Wenn /Z/ und Y sich verbinden, entsteht ein ZH Laut.

Sei**ze y**our sword → Sei**zh**oors sword.

Reali**z**e **y**our potential → Reali**zh**oors potential.
Murphy'**s y**ams → Murphy**zh**ams.

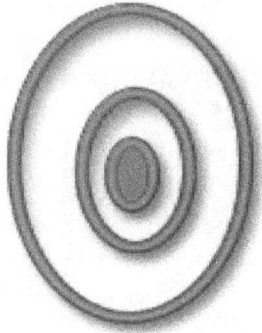

Kapitel 41: Auf unsere Reise!

Herzlichen Glückwunsch! Wir haben die englische Betonung erlernt!

Haben Sie Ihre Übungen aufgezeichnet? Wenn nicht, dann machen Sie das bitte. Sie werden stolz auf Ihren Fortschitt sein! Vergleichen Sie die allererste Aufnahme mit der letzten. Wie war Ihre Betonung zuvor? Wie ist sie jetzt?

Sehen Sie sich jetzt dies an. Mein Name ist Ken Xiao. Ich sprach kein Wort Englisch als ich im Alter von 17 Jahren nach Amerika zog, aber hören Sie sich mein Englisch jetzt an. Sie lauschen meiner Stimme.

Wie habe ich das gemacht? Ich habe sogar ein Buch darüber geschrieben. Das Buch nennt sich *Talk English*.

Wenden Sie die Schritt in Kapitel 2 an. Üben Sie immer und immer wieder und Ihre englische Aussprache wird zu 100% korrekt sein!

Auf unsere Reise,

Ken Xiao

Andere Bücher von Ken Xiao

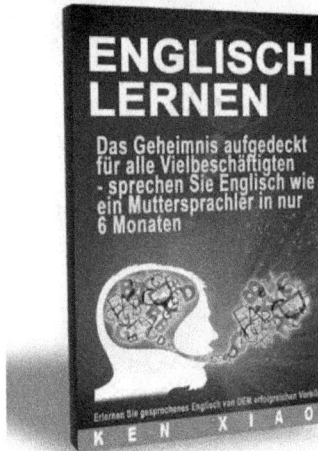

www.ingramcontent.com/pod-product-compliance
Lightning Source LLC
Chambersburg PA
CBHW031532040426
42445CB00010B/506